순전한 기독자가 되십시오

순전한 기독자가 되십시오

초판 1쇄 발행 2024년 1월 22일

지은이	손양원
엮은이	키아츠
펴낸이	손영란
편집	류명균　최선화
디자인	조유영

펴낸곳	키아츠
주소	서울시 도봉구 마들로 624, 302호
전화	02-766-2019
팩스	0505-116-2019
홈페이지	www.kiats.org
이메일	kiatspress@naver.com
블로그	blog.naver.com/kiatspress
페이스북	www.facebook.com/kiatspress

ISBN 979-11-6037-217-5(03230)

이 책은 애양원, 손양원 목사 기념사업회, 故 이광일 목사의 협조를 얻어 손양원 목사의 자필 설교 노트와 서간 등을 검토하여 그의 삶과 신앙, 사상을 잘 드러내는 글을 선정하여 엮은 것입니다. 그밖에 《손양원 목사 설교집4-옥중서신》(1943),《사랑의 원자탄》(1949),《손양원 목사 설교집》(1994),《나의 아버지 손양원 목사》(1995),《손양원 목사 옥중 목회》(2000)의 글이 포함되었습니다. 2008년 키아츠가 엮고 홍성사가 출판한 '한국 기독교 지도자 강단설교' 《손양원》의 개정판으로 저작권은 키아츠에 있습니다. 무단 전재와 복제를 금합니다.

순전한 기독자가 되십시오

손양원 지음 | 키아츠 엮음

차례

키아츠 20주년 기념판 서문 6
2008년판 서문 12
머리말 14

1장   신앙시 29

예수중독자 31 / 오늘이 내날이다 32 / 아홉가지 감사 33
꽃피는 봄날에만 35 / 부흥회 시에 먼저 읽을 것 37

2장   성경대로 사는 삶 39

왜 내가 예수 믿게 되는지 41 / 예수와 같이 말하는 자가 없더라 45
예수의 새계명 50 / 예수의 5대 명령이라 53 / 예수를 좇음이라 57
그리스도인의 실생활 60 / 복 있는 손 63 / 어린이를 영접하라 69
부모에게 효도하라 72 / 국기 경배에 대하여 75

3장   권면과 소망 79

인생아, 누구를 따르려느냐 81 / 인생의 두 길 83
영혼의 피서지 89 / 모든 사상을 사로잡아 그리스도께 복종케 하라 94
기독자의 3대 의무 중에 바치는 생활 98 / 성신을 왜 못 받느냐 101
세상에는 왜 기쁨이 없느냐 106 / 바벨탑을 무너뜨리신 하나님 109
안약을 사서 발라 보게 하라 113 / 책망과 징계 116
국가 행복에 대하여 118 / 평화의 국가 왕국을 희망하자 122

4장   주기도문 강해 127

         하늘에 계신 우리 아버지   129 / 이름을 거룩하게 하옵시며   134
         오늘날 우리에게 일용할 양식을 주옵시고   137
         시험에 들지 말게 하옵시고 다만 악에서 구하옵소서 1   139
         시험에 들지 말게 하옵시고 다만 악에서 구하옵소서 2   142

5장   옥중 편지 145

         아버지 손종일 장로에게 보낸 편지 1   147
         아버지 손종일 장로에게 보낸 편지 2   152
         부인 정양순 사모에게 보낸 편지 1   155
         부인 정양순 사모에게 보낸 편지 2   159
         누이 양선에게 보낸 편지1 · 163 / 누이 양선에게 보낸 편지2   166
         아들 동인에게 보낸 편지   169
         아들 동인, 동신에게 보낸 편지   172

6장   비유 모음 177

손양원 목사 연표 196
손양원 목사 연구를 위한 참고문헌 197
손양원 목사 기념관 안내 200

키아츠 20주년 기념판 서문

세계 기독교 영성 선집에 새롭게 자리한 한국 기독교 유산

키아츠KIATS는 2004년 설립되어 한국 기독교의 신앙 유산을 학문적으로 정리하고 이를 국제적으로 알리는 일을 일차적으로 시작했다. 영문잡지 *KIATS Theological Journal*은 그 첫 번째 결과물로 2005년부터 2009년까지 총 9권이 발행되었다. 한국 기독교를 영문저널을 통해 세계와 나누려던 작업에 미국 하버드대학교의 하비 콕스Harvey Cox와 프린스턴신학대학에서 내가 배운 선교학자 앤드류 월스Andrew Walls 교수를 비롯한 많은 분이 힘을 실어 주었다. 이 저널은 키아츠의 이후 연구서들이 전 세계로 나가는 일차적인 통로를 개척해 주었다.

영문저널에 이은 키아츠의 두 번째 작업은 '한국 기독교 지도자 강단설교' 시리즈로 2008년부터 4년간 한국 기독교를 대표하는 목회자와 신학자 10명의 설교와 글을 묶어 한글과 영어로 출간했다. 키아츠 연구진의 연구에 기초해 홍성사가 한글책을 출간했고, 키아츠는 영어번역본을 동시에 출간했다. 이 시리즈는 교단을 초월해 한국 기독교의 특징을 가장 잘 보여주는 10명의 인물을 간추려 이들이 남긴 기록문서를 통해 한국 기독교를 정리하려는 의도로 진행되었다. 우리는 여러 연구자들과 목회자들과 해당 인물 후손들의 도움을 얻어 길선주, 김익두, 주기철, 손양원, 이성봉, 이용도, 김교신, 김정준, 한상동, 김치선 작품 선집을 출간했다. 이 과정에서 홍성사의 정애주 사장과 편집자들의 보여준 사랑은 이후 키아츠 연구·출간에 큰 도움이 되었다. 이때 간행된 책 중에서 길선주, 주기철, 손양원, 이성봉의 작품은 중국어 번역본까지 출간되었다.

이후 키아츠의 연구는 '한국 기독교 고전 시리즈' '한국 기독교 선교사 시리즈' '기독교 영성 선집' 등으로 확장되었다. 특별히 2011년부터 시작된 '기독교 영성 선집'은 전 세계 기독교의 주옥같은 작품을 '펭귄북스' 같이 한 손에 들어올 만한 작은 크기로 간행했다. 이 시리즈는 2천 년 세계 각국의 기독교 영성 작품뿐만 아니라 아시아와 한국 같은 그동안 주목받지 못했던 나라의 기독교 신앙 유산까지 담아내는 것을 목적으로 삼았다. 이 시리즈는 2023년까지 총 25권이 발행되었다.

2024년 키아츠 설립 20주년을 맞아 과거에 간행했던 '한국 기독교 지도자 강단설교' 중에서 독자들의 사랑을 많이 받은 5명의 작품 – 길선주, 김익두, 주기철, 손양원, 이성봉 – 을 새롭게 다듬어 내놓게 되었다. 초판이 원전의 맛을 살리기 위해 가급적 원문을 그대로 남겨 두었다면, 이번에는 누구나 쉽게 읽을 수 있게 고어와 한자를 가능한 한 풀고 현재 사용하지 않는 일부 어투도 쉽게 바꾸었다. 시대가 변함에 따라 언어가 변하기에 현재에는 사용하지 않는 죽은 말들, 익숙하지 않은 어투를 제거하는 새로운 편집이 필요하다고 느꼈기 때문이다. 우리는 글을 편집하면서 젊은 청년을 독자로 상상했다. 지금으로부터 약 100년 전에 태어나 지금과는 다른 말과 글을 쓴 저자들의 의도를 젊은 세대에게 쉽고 명확하게 전달하고 싶었다. 비록 글은 오래되었지만, 글 속에 흐르는 신앙 정신은 지금도 여전히 우리의 가슴을 울리는 힘이 있기 때문이다.

'고전의 현대화'라는 원칙을 정했지만, 글에는 언제나 예외가 있다. 한자어를 가능한 한 풀어서 썼지만 한글로 풀면 너무 길어지는 경우, 한글로 풀기에 적당한 단어를 찾기 어려운 경우 원문 그대로 두었다. 또한 내용 이해를 방해하지 않는 예스러운 표현은 고전의 맛을 살리고자 일부 남겨 두었다. 옛글을 오늘날의 언어로 수정하는 과정에는 늘 위험이 따른다. 글이 부드러워지면서 의미가 흐려지기도 하고, 현대어와 옛글이 공존하며 어색한 글이 될 수도 있다. 하지만 독자들이 이러한 노력을 과거 선진들의 신앙이 계속 다음 세대로 이어지기를 갈망하는 작은 몸부림이라 이해해 주면 좋겠다.

우리는 '기독교 영성 선집'을 출간하면서 세계 기독교와 한국 기독교의 작품을 독자들이 나란히 두고 같이 읽는 날을 꿈꾸었다. 독자들이 유럽 것과 한국 것의 구별 없이 골고루 고전과 원문을 읽다 보면, 키아츠가 소망했던 기독교 신앙의 합집합을 넓혀가고 교집합을 보다 확실하게 파악할 수 있을 것이라 믿었기 때문이다. 그래서 지금까지 기독교 신비주의 영성에 큰 영향을 미친 위-디오니시우스, 클레르보의 베르나르, 에크하르트를 비롯해 테클라와 페르페투아, 노르위치의 줄리안, 빙엔의 힐데가르트와 같은 여성의 작품들, 그리고 종교개혁의 문을 연 마틴 루터의 작품을 번역해 출간했고, 한국 기독교 작품으로 이세종과 이현필, 소록도의 이야기를 선보였다. 동시에 비잔틴기독교의 영성을 잘 보여주는 고백자 막

시무스, 닛사의 그레고리우스의 작품들과 한국 가톨릭의 순교적 고백을 잘 보여주는 《사후묵상》도 간행했다. 이번에 '한국 기독교 지도자 강단선교' 시리즈 5권을 새롭게 다듬어 다시 발행한 것은 그동안 영성시리즈에서 미흡했던 한국 기독교 작품의 비중을 높이고 기독교 영성 선집이 더욱 균형 잡힌 시리즈로 자리하는 계기가 마련해 줄 것이다.

주기철 목사는 신사참배 반대로 7년여 동안 혹독한 고문을 당하며 주님 가신 십자가의 길을 따라갔다. 손양원 목사는 자신의 두 아들을 죽인 원수를 용서함으로 사랑의 대 계명에 순종했다. 이처럼 5권의 책에 실린 글은 일본강점기와 한국전쟁의 질곡을 통과한, 삶으로 증명된 글이다. 그래서 투박하지만 힘이 있다. 우리의 영혼을 흔들어 깨우며 나 자신의 삶을 돌아보게 한다. 이들이 섬긴 크신 하나님, 목숨을 다해 사랑했던 예수님, 이들과 함께 했던 부흥과 열정의 성령님은 지금도 여전히 우리와 함께 하신다. 이러한 사실이 독자들에게 새로운 용기와 활력을 불어넣기를 기대한다.

언제나 그러하듯이, 이번 책들도 많은 분들의 수고와 노력이 누적된 결과이다. 원래 이런 꿈을 나누고 귀하게 간주해 주신 홍성사의 정애주 사장님과 스텝들, 키아츠 초기에 혼신을 다해 기초를 놓은 데 손을 잡아준 박은영 박사, 그리고 최근에 편집 조언을 해주신 신현기 선생께도 깊은 감사를 드린다. 그리고 오랫동안 키아츠의 연구와 출간 순례에 묵묵히 자리를 맡아준 류명균 팀장과 최선화 연구원의 노력에도 감사한 마음이다. 마지막으로 2008년 이 책이 처음 출간되었을 때 리먼 브러더스 사태로 인한 경제적 어려움에도 책을 사주시고 키아츠를 격려해주신 미국과 캐나다의 여러 교회와 성도들, 그리고 국내 교회와 성도들께도 감사를 드린다. 키아츠의 오늘날의 결과물은 그러한 선하고 아름다운 의지를 가진 분들의 힘이 한 올 한 올 모여 이루어진 것이다.

2008년에 작성한 발행사는 여전히 키아츠의 연구와 출간의 기본자세를 잘 담고 있어 아래에 더했다. 그동안 키아츠의 연구 결과를 사랑해주신 분들이, 여전히 키아츠의 영성 선집을 사랑해주실 것으로 믿는다.

2024년 1월
키아츠 원장 김재현

2008년판 서문

한국 기독교는 세계 2,000년 기독교 역사에 유례가 없을 정도로 단시간에 박해와 고난, 열정과 헌신, 교회 성장과 선교와 같은 다양한 경험을 맛보았다. 이러한 경험은 조선 유학자와 초기 가톨릭 교우들의 논쟁, 박해와 순교를 내세와 참된 신앙에 대한 묵상으로 승화시킨 설교와 글과 시 등을 통해 고스란히 표출되었다. 하지만 현재를 사는 우리는 이를 가다듬지도, 그 진정한 가치를 온전히 인식하지도 못하고, 늘 서구 기독교만 동경하며 그 문화를 받아들이기에 급급했던 것이 사실이다.

최근 들어 지금까지 소홀했던 한국 기독교의 믿음의 유산을 발굴하여 현재의 삶과 신앙을 반성하려는 신앙인들이 늘고 있는 것은 무척 고무적인 일이다. 이런 맥락에서 키아츠(KIATS, 한국고등신학연구원)는 "믿음의 유산" 시리즈를 통해 한국 기독교의 유산을 집대성하고자 한다.

"믿음의 유산" 시리즈는 기독교 유래 초기부터 오늘에 이르기까지 한국 기독교의 특징을 잘 드러내 주는 신앙적 혹은 학문적 가치를 갖는 일차 문헌을 선별하여 담아낼 것이다. 먼저 목회자와 신학자를 포함한 성직자의 설교를 〈한국 기독교 지도자 강단설교〉로 묶어 펴낼 것이며, 그 밖에 사회운동가, 정치가, 사상가, 문인, 예술인 가운데 기독교적 정체성을 갖고 한국 기독교에 공헌한 분들의 작품도 묶으려 한다. 원전을 정리하고 선별함에는 저자의 설교문과 논문, 수필과 단상, 시와 선언문, 단행본과 전집 등 활자화된 문헌을 우선으로 한다.

이 시리즈를 통해 독자들은 그동안 묻혀 있던 한국 기독교의 보석같은 글을 다양하게 접하게 될 것이다. 이로써 치열하게 믿음의 본을 보이며 살다간 조상들의 신앙을 음미하여 오늘을 반추하며, 하나님께서 한국 기독교의 미래에 허락하실 원대한 계획을 꿈꿀 수 있을 것이다. 그뿐만 아니라 외국 번역물이 우리나라 기독교인들의 독서를 주도하는 상황에서 우리네 정과 풋풋함, 구수한 토속적 신앙을 한껏 맛보게 될 것이다.

가장 지역적인 것이 가장 세계적이라는 말이 있듯이, "믿음의 유산" 시리즈가 우리 것에 대한 진지한 성찰과 함께 세계적 차원에서 우리의 신앙을 발견하고 재정립하는 데 좋은 기회가 되길 소망한다.

머리말

사랑과 열정의 사도 손양원

복음과 시대를 얼싸안은 '손-불'이 그리운 시대

함석헌 선생이 "성서적 입장에서 본 한국 역사"(1954)에서 주장했듯이, 19세기 말 조선의 종교 사회적 상황은 유교와 불교의 전통적인 힘으로는 더 이상의 새로운 출구를 만들 수 없었다. 근대 문물의 급격한 수용과 일본을 중심으로 한 외세의 호전적 진출은 조선인들을 기대와 절망이라는 이중적 상황으로 내몰았다. 이런 상황에서 우리 땅에 새롭게 들어온 개신교 역시 전통 종교와 사상을 해치는 주범으로 곡해되기도 하고, 조선 사회에 새로운 돌파구를 제시할 대안으로 간주되기도 했다.

기독교는 불교와 유교보다 늦게 조선 땅에 들어왔다. 그래서 초기 한국 기독교인들이 그 짧은 시간에 기독교에 대한 체계적이고 학문적인 이해가 얼마나 가능했는지는 논란의 여지가 있다. 그럼에도 복음을 처음 받아들인 신앙인, 특히 기독교 지도자들은 복음의 핵심적 가르침을 진지하게 실천하려고 노력했다. 그래서 길선주 목사는 새벽기도를 중심으로 평양 대 부흥을 일으켰고, 김익두 목사는 놀라운 치유의 기적을 일으켰다. 손양원 목사 역시 당시에 복음을 실천하는 것이 자신에게 피할 수 없는 죽음을 가져올 줄 알면서도 신앙의 힘 안에서 자신을 '사랑의 원자탄'으로 승화시켰다.

전환기의 한국에 들어온 기독교는 새로운 탈출구를 모색하고 있는 우리나라의 민족적 사회적 현실을 못 본 체하고 신앙에만 몰두할 수 있는 상황이 아니었다. 밀려오는 사회 민족적 변화에 대처하기 위해 길선주 목사는 "평화의 서曙"라는 설교를 통해 한국 기독교가 윌슨 대통령의 자결주의와 평화의 이름으로 일어날 것을 촉구했으나, 이후 출간되는 과정에서 일제의 검열과 삭제를 강요받았다. 김익두 목사 역시 외형상 실패로 끝난 1919년 3·1운동의 결과를 눈물로 가슴에 묻고, 부인과 서민들이 힘을 모아 교육과 사회 풍습 개량에 나서도록 독려했다. 손양원 목사에게도 이런 민족적 현실이 절실하게 다가왔다. 1930년대 일제의 신사참배 강요에 손양원 목사는 신앙 안에서 이에 분연히 맞섰다. 해방 후 좌파와 우파로 나뉜 한국의 정치 사상은 같은 민족끼리 죽이고 규탄하는 비극을 엮어냈는데, 이런 상황에서 손양원 목사는 비극을 사랑의 원자탄에서 나오는 열기와 광채로 승화시켰던 것이다.

개인이 처한 배경과 상황에 따라 복음과 시대의 부름은 때로 현저히 다르다. 어떤 이는 기독교의 가르침에 기초해 일본의 앞잡이들에게 총을 겨누었고, 어떤 이는 복음을 제대로 아는 것을 시대를 극복하는 것으로 알았다. 그런가 하면 어떤 이는 젊은 사람을 키워 후일을 도모했고, 또 어떤 이는 거지와 빈자들을 모아 모순과 억압이 지배하는 사회와 시대에 묵묵히 항거하고자 했다. 그럼에도 많은 이들이 공유하는 한 가지가 있었으니 그것은 바로 복음과 복음에 대한 열정, 곧 하나님과 예수와 성령의 가르침을 따르고자 하는 열정이었다. 복음에 따라 사는 방법은 다양했지만, 그들은 복음이 핵심적으로 가르치는 것에 충실하고자 했다. 이들은 개인의 신앙적 열정과 뜨거운 성령의 체험을 개인과 공동체의 난국을 극복할 수 있는 힘으로 믿었다. '손-불'(불같은 손양원)이라고 불린 손양원 목사의 구구절절한 삶의 여정 한가운데에는 그가 느낀 성령의 불이 함께하고 있었다. 그가 남긴 수많은 메모와 일기는 얼마나 자주 성령에 대한 설교를 했는지 잘 보여 주지만 우리에게 전해지지 않을 뿐이다. 그의 순교 70주년이 훨씬 지난 지금, 손양원 목사가 남긴 글을 통해 그를 다시 만나는 것은 매우 유익할 뿐 아니라 복음에 대한 우리의 옷매무새를 새롭게 가다듬게 할 것이다.

삶과 신앙의 여정

열정과 사랑의 사도 손양원 목사는 1902년 경남 함안군 칠원면에서 태어났다. 7세 때 아버지를 따라 신앙을 갖게 되었는데, 이후 아버지 손종일 장로의 신앙은 그의 삶에 지침서 역할을 했다. 1920년 부친 손종일 장로가 독립 운동으로 구속되자 손양원은 서울에서 다니던 중동학교를 자퇴하게 되었다. 그리고 그 다음해 그는 도쿄에서 중학교에 다녔다.

손양원이 교회 사역에 좀 더 깊이 참여하게 된 것은 1924년 중생 체험을 한 뒤부터다. 그해 고향의 칠원읍교회 집사로 출발하여 신앙을 다졌고, 1926년 경남 성경학교에 입학하면서 기독교인의 삶과 사역에 헌신하게 되었다. 신학생 시절 시작한 복음 전파와 부흥회에 대한 기록을 통해 우리는 손양원의 설교가 불을 뿜어 낼 듯이 열정적이었음을 알 수 있다. 1935년 그는 평양신학교에 입학했다. 한국 교회에 신사참배 문제가 본격화된 1938년, 그는 경상도 여러 지역을 돌아다니며 신사참배 반대 운동을 했다. 이 활동으로 손양원은 몇 번이나 옥에 갇히게 되었다.

1939년 손양원 전도사가 애양원교회에 부임하면서 애양원과 깊은 관계가 시작되었다. 광주와 여수를 중심으로 포사이드W. H. Forsythe 선교사와 호남의 성자라 불리던 최흥종 목사가 이미 한센병 환우들에 대한 사역을 하고 있었다. 그러나 이들의 사역을 더욱 발전시켜 애양원을 사랑의 성지로 굳건하게 다진 사람은 바로 손양원 전도사였다. 한센병 환우들과 손양원의 만남은 그가 1924년 결혼할 무렵 부산에 있는 '상애원'을 통해 이미 시작되었다. 그렇지만 애양원에서 1,500여 명의 환우들을 양 떼로 만난 손양원 전도사는 이들을 통해 한국 교회사의 사랑과 순교의 성자로 다시 태어났다.

  손양원은 목회 사역 후반기인 1946년에 목사 안수를 받았다. 이전 7년 남짓한 애양원 시절 그에게 가장 큰 문제는 한센병 환우들을 돌보는 것과 신사참배를 빌미로 한 일제의 억압이었다. 그런데 목사 안수를 받은 뒤 그에게 더 크게 다가온 문제는 일제의 억압 통치에서 벗어난 뒤 한국 사회에 닥친 정치사회적 혼란이었다. 손양원 목사와 가족 그리고 애양원 식구들의 복음에 대한 열정과 헌신과는 별개로 해방 후 한국 사회의 혼란, 특히 공산주의와의 관계는 그에게 큰 도전이었다. 이러한 질곡의 시기에 1948년 여순 사건으로 그의 아들 동인과 동신이 순교했다. 그는 시대적 불운과 목회 사역의 분

주함 때문에 아들들을 제대로 챙기지도 못하고 생존을 위해 공장에서 일하게까지 했는데, 복음을 전하다가 공산당원들에게 맞아 두 아들이 순교한 것이다. 이렇듯 처절한 상황에서도 손양원 목사가 품고 있던 '사랑의 원자탄'은 꺼지지 않았다. 그는 오히려 자기 아들들을 죽인 공산 당원을 양아들로 맞아 그 안에서 예수의 사랑을 구현하고자 했다. 현실을 뛰어넘는 하나님의 사랑을 이 땅에서 실천하려 한 것이다.

이처럼 꺼지지 않는 사랑, 복음에 대한 타오르는 열정을 지닌 손양원 목사에게 시대와 복음은 그가 '더 낮아지도록' 요구했다. 이는 손양원 목사에 대한 하나님의 명령이며 소명이었는지도 모른다. 손양원 목사가 어디까지 낮아져야 했을까? 한국 교회는 순교의 피를 얼마나 더 요구했을까? 손양원 목사는 한국동란 이후 자신마저 공산군에게 검거당하고, 1950년 9월 28일 여수시 둔덕동에 있는 과수원에서 순교했다. 살아 있을 때 이미 기독교권에서 사랑의 성자로 존경받은 손양원 목사는, 일제에 대한 항거와 저항이 인정되어 1995년 늦었지만 정부로부터 독립유공자로 선정되었다. 마침내 그는 한국 기독교의 사랑과 순교의 성자로 굳건히 자리 잡게 되었다.

문헌과 자료

사랑과 열정, 순교의 대명사인 손양원 목사에 대한 연구는 2009년 우리가 이 책을 처음 출간하던 시점에 크게 네 갈래로 행해져 왔다.

첫째, 1949년 12월 발간된 안용준 목사의 《사랑의 원자탄》은 수십 쇄를 거듭하면서 신앙인뿐 아니라 일반 대중들의 큰 사랑을 받아 왔다. 560여 쪽에 이르는 방대한 분량의 이 책은 손양원 목사의 삶과 신앙에 대한 독자들의 이해의 기준을 만들어 냈다. 이후 손양원 목사에 관한 대부분의 연구와 저술은 바로 이 책에 근거해 왔다. 이후 키아츠는 2018년 이 책의 영역번역본을 출간했고, 중국어 번역본을 출간하였다.

둘째, 지금은 작고하신 이광일 목사가 편집한 다섯 권으로 된 《손양원 목사 설교집》과 《옥중서신》 등이 있다. 이광일 목사는 애양원 성산교회를 섬기면서 손양원 순교기념관을 세웠으며, 손양원 목사와 관련된 많은 자료를 수집하고 전시해 왔다. 안용준 목사의 책에 기초해 나온 이광일 목사의 책들은 손양원 목사의 글들만을 간추려 내었다.

셋째, 손양원 목사의 딸 손동희 권사가 아버지의 삶과 신앙을 회고한 《나의 아버지 손양원 목사》가 있다. 이 책은 가장 가까이서 손양원 목사의 일생을 지켜본 딸의 간증과 회고를 담고 있으며, 외부인이 잘 알 수 없는 개인적이고 구체적인 이야기들을 엿볼 수 있다.

넷째, 2005년에 쓴 차종순 교수의 《애양원과 사랑의 성자》가 있다. 차종순 교수는 이 책에서 손양원 목사가 사역한 애양원의 역사와 손양원 목사의 삶과 신학을 학문적으로 분석하였다. 키아츠는 2008년 《애양원과 사랑의 성자:손양원》이란 제목으로 국문 개정판과 영어 번역본을 출간하였다.

이렇게 전개된 손양원 목사 연구는 지금까지 많은 사람의 신앙을 북돋워 주었을 뿐 아니라 기독교에 대한 이미지를 크게 높여 주었다. 그러나 위 연구들에는 손양원 목사가 남긴 수많은 자료가 충분히 반영되지 않은 아쉬움이 있다. 그것은 앞에서 언급했듯이 대부분 안용준 목사가 서술한 손양원 목사 이미지에 의존했기 때문이다. 안용준 목사는 손양원 목사가 남긴 자료를 이용했지만, 그의 일차적 관심은 손양원 목사의 설교와 자료를 일반인이 좀 더 쉽게 접할 수 있도록 재구성하는 데 있었다. 그런데 이 과정에서 원본에 너무 많은 설명이 더해져 어디까지가 손양원 목사의 생각이고 어디까지가 안용준 목사의 설명인지 구분하기 힘들게 된 아쉬움이 있다.

기존 연구가 손양원 목사가 남긴 자료들을 쉽게 활용할 수 없었던 몇 가지 이유가 있다. 우선 손양원 목사는 기본적으로 사상가나 설교문을 꼼꼼히 남긴 설교가라기보다는 활동가였다. 그는 평생 한센병 환우들과 현장에서 살았다. 즉 그가 설교를 많이 했음에도 온전하게 완성된 설교 원고가 거의 남겨져 있지 않다. 그렇다고 다른 사람들이 그의 설교를 기록하여 보존한 경우도 많지 않았다. 둘째로, 그렇다고 손양원 목사가 글을 전혀 쓰지 않은 것은 아니다. 일기, 편지, 설교대지大旨, 예화 등 총 2,000여 쪽에 이르는 글을 남겼지만, 그가 남긴 원고들은 깨알 같은 글씨로 썼거나 흘려 쓴 글들이어서 판독하고 이해하기가 쉽지 않았다. 그래서 그의 친필 원고를 직접 읽어 낸 적은 거의 없었다. 이러한 실제적인 연구 차원의 어려움 외에 그가 남긴 글 대부분이 단편이거나 설교대지라는 점도 원자료의 편집을 더욱 어렵게 했다. 물론 단편적인 글들은 손양원 목사의 신앙과 사상을 함축적으로 보여 줄 수도 있을 것이다. 그러나 《사랑의 원자탄》이 만들어 낸 손양원 목사의 이미지가 워낙 강해서 이런 연구는 지금까지 쉽사리 시도되지 못했다.

이 책의 구성

키아츠는 2007년 겨울부터 애양원, 손양원 목사 기념사업회, 그리고 지금은 작고하신 이광일 목사의 협조를 얻어 손양원 목사와 관련된 모든 자료를 분석하는 작업을 했다. 앞서 언급했듯이 원자료 작업에 대한 몇 가지 연구의 한계에도 불구하고 손양원 목사가 남긴 2,000여 쪽의 글을 해제하고 일반인과 학자들이 공유할 수 있도록 글을 선별하였다. 그리고 홍성사와 함께 협업하여 한글은 홍성사에서, 영어 번역본은 키아츠에서 발간했다. 그리고 그간의 많은 독자의 사랑을 반영해, 이번에 내용을 보완하고 순서를 약간 변경해서 키아츠의 영성선집의 일환으로 새롭게 출간하게 되었다.

이 책은 크게 여섯 개의 장으로 구성되었다. 2008년 출간본에서 제일 마지막 부분에 자리했던 신앙시詩를 첫 번째 장으로 옮겼다. 이 시들은 안용준 목사의 《사랑의 원자탄》 및 지인들의 기억과 구술을 중심으로 전승되어 왔고, 대부분은 원본을 확인하기 어렵다는 것이 아쉬움으로 남아 있다. 그럼에도 구전을 통해 많은 사람에게 사랑 받는 시들을 간추려 보았다.

사실, 신앙시들은 원전에 명확하게 기록되어 있지 않지만, 독자들의 많은 사랑을 받아 왔기 때문이다. 그리도 나머지 장들은 거의 모든 글을 친필 원고를 기반으로 선별했다.

제2장은 '성경대로 사는 법'에 실린 글들은 예수에 대한 손양원 목사의 태도를 비롯하여 신앙의 근본적인 주제를 담았

다. 성령에 사로잡힌 손양원 목사가 예수를 어떻게 생각하는지, 어떻게 성경대로 살고자 하는지 잘 보여 준다.

제3장은 '권면과 소망'을 다루고 있는데, 애양원 성도들과 일반 기독교인들의 희망과 도전을 보여 준다. 일제의 억압이라는 외부적 요인과 한센병 환우들과의 치열한 삶 속에서의 비전과 희망을 권하고 있다. 그가 남긴 친필 자료에는 애양원, 특히 한센병 환우들에 대한 기록이 거의 없다. 가장 많은 시간을 함께 보낸 한센병 환우들과 관련된 이야기나 단상을 왜 기록으로 남기지 않았는지는 의외지만, 권면과 소망을 주는 이 글들이 애양원 식구들에게도 동일하게 적용되었음은 분명하다.

제4장은 '주기도문 강해'를 담았는데, 이 장은 성경 강해자로서 손양원 목사의 일면을 보여 준다. 활동가이며 부흥사였던 손양원 목사는 성경 강해에 대한 기록을 많이 남기지 않았다. 그런 의미에서 여기 실린 글들은 손양원 목사가 어떤 식으로 성경을 강해했는지를 엿볼 수 있다.

제5장은 가족과 지인에게 감옥에서 보낸 편지글들을 담았다. 손양원 목사의 사역과 활동에서 역설적으로 가장 큰 피해를 입은 사람은 가족이다. 물론 그것이 손양원 목사의 책임은 아니다. 그렇지만 신앙의 지조를 지키려다 순교 당한 두 아들

을 죽인 안재선을 양아들로 들였을 때, 그의 가족이 속으로 삼켜야 했을 인간적 짐은 결코 작지 않았다. 그래서 손양원 목사가 가족들과 한센병 환우들에게 보여 준 사랑과 관심은 그의 설교나 강해에서 맛볼 수 없는 애잔함을 보여 준다.

제6장은 손양원 목사가 기록하고 즐겨 사용한 비유들을 모았다. 여기 선별된 글 대부분은 신학교 시절부터 그가 받아 적은 것들이다. 그는 재미있으면서도 교훈적인 짧은 비유와 예화들을 즐겨 모았다. 이 글들은 열정적 설교자이며 순교자라는 손양원 목사의 비범한 모습에 일상적이고 친근한 모습을 더해 준다.

전환기의 한국 기독교, 손양원의 사랑과 순교

개신교가 한국 땅에 발을 내딛게 된 지도 150여 년에 이른다. 숱한 우여곡절 끝에 개신교는 20세기, 특히 한국전쟁 이후 양적 측면에서 경이로운 발전을 이룩했다. 그러나 한국의 경제 성장과 민주화의 시기를 보낸 지금 개신교는 대내외적으로 여러 도전에 직면해 있다. 한국 민족이 지닌 '빨리빨리'와 '역동성'이라는 양면성을 개신교도 여실히 경험하고 있기 때문이다. 많은 사람이 복음의 핵심을 알고 실천하고자 노력하고 있다. 그럼에도 남북 분단을 비롯해 남한 사회와 교회 내 보수와 진보의 사상적 대립, 심각한 빈부 격차, 자기모순에 빠진 개혁 지향 세력과 보수의 이름으로 새로운 독재를 그리는 세력의 갈등은 우리에게 신앙에만 매달리고 있을 시간과 공간을 주지 않는다. 우리의 자유로운 선택과 상관없이 우리가 서 있는 현실이 신앙인으로서의 반응과 대답을 촉구한다. 이러한 도전에도 불구하고 우리는 손양원 목사를 비롯한 수많은 신앙의 선배들이 믿고 의지해 온 복음과 신앙의 힘을 믿는다.

다양한 글을 통해 여전히 풋풋하게 전해 내려오는 손양원 목사의 삶과 신앙은 전환기 한국 기독교에 좋은 모델과 도전이다. 손양원 목사가 고민하며 살았던 것처럼 우리도 복음의 핵심을 충실히 지키고 따르면서도 현실 문제를 기피하지 않을 수 있을까? 손양원 목사는 사회운동가나 독립투사가 아니었다. 그는 복음의 핵심이 가르치는 바를 충실하게 따랐다. 그리스도의 사랑을 실천하기 위해 환센병 환우들의 고름을 입으로 빨았고, 남아 있는 환우들을 두고 자기만 피신할 수 없어 다시 배에서 내려 자기를 기다리는 죽음의 장소로 묵묵히 걸어갔던 사람이다. 그것은 마치 골고다로 걸어가는 예수의 모습과 같다. 인간의 힘으로는 도저히 극복할 수 없을 것 같은 한계를 신앙의 힘으로 뛰어넘어 자기 아들들을 죽인 사람을 용서하고 양아들로 삼았다.

오로지 신앙의 길만 고집했던 손양원 목사의 일생은 역설적으로 당대 한국 사회에 가장 첨예한 문제였던 일제의 억압, 그리고 분단과 분열의 상징인 남북 대립의 소용돌이 속에 서 있는 한 인간, 한 신앙인의 삶이었다. 그리고 손양원 목사의 뜨거운 신앙의 열정은 모든 시대적 문제를 초월하는 하나의 대안으로 우뚝 솟아오르게 했다. 바로 이러한 깊고 무게 있는 신앙의 힘이 세상을 바꾼다. 그리고 지금도 복음의 핵심적 가르침이 세상을 바꾸고, 여전히 우리에게 유효하다는 확신을 준다. 그런 손양원 목사의 삶과 신앙을 이 시대를 사는 우리가 이 책을 통해 다시금 만나게 되기를 희망한다. 가슴 벅차오르는 느낌과 기대를 갖고 말이다!

故 이광일 목사(애양원 성산교회 6대 담임목사)

김재현 원장(키아츠 원장)

일러두기

1. 이 책은 2009년에 펴낸 '한국 기독교 지도자 강단설교' 《손양원》(키아츠 엮음. 홍성사 출판)의 개정판이다. 2009년에 출간한 책이 원전의 맛을 살리기 위해 가급적 원문을 그대로 남겨 두었다면, 개정판은 독자들이 쉽게 읽을 수 있도록 원전의 의미를 변화시키지 않는 범위에서 가능한 옛말과 한자를 현재 사용하는 한글로 풀어 썼다. 또한 현대 독자에게 낯선 예스러운 표현과 어투도 일부 바꾸었다.
2. 본문의 성경 인용은 원본을 그대로 옮기는 것을 원칙으로 하되 일부 내용은 개역개정으로 수정했다. 또한 원문에 성경 장절만 표기된 것 중 필요한 경우 성경 본문을 추가했다.
3. 본문에서 모든 문체를 경어체(습니다)로 바꾸었다.
4. 이해를 돕기 위해 한자와 영어를 추가하고, (　)와 각주로 보충설명을 더했다.
5. 지명, 인명은 국어사전에 등록된 표기를 따랐다.
6. 각 글 말미에 별도로 출처를 표기했다.

신앙시

여기에 실린 다섯 편의 신앙시는 손양원 목사의 진필 원고에는 없지만 손양원 목사의 또 다른 측면을 잘 보여 주는 글들로, 안용준 목사의 《사랑의 원자탄》, 이광일 목사의 《손양원 목사 설교집》, 손동희 권사의 《나의 아버지 손양원 목사》에 기록되고 전수되어 있으며 많은 사람에게 사랑받고 있다.

예수 중독자

나 예수 중독자 되어야 하겠다

술 중독자는 술로만 살다가
술로 인해 죽게 되는 것이고

아편 중독자는 아편으로 살다가
아편으로 인해 죽게 되나니

우리도 예수의 중독자 되어
예수로 살다가 예수로 죽자
우리의 전 생활과 생명을
주님 위해 살면 주같이 부활된다
주의 종이니 주만 위해
일하는 자 되고 내 일 되지 않게 하자

사랑의 원자탄 속편. 1977. / 1949년 8월 6일 일기 참조.

오늘이 내 날이다

인생은 과거 잘한 것에 교만해지기 쉽고
실패에 낙심키 쉬우며
미래로 미루다 일평생 속아 산다
오늘만이 내 날이요
주님 만날 준비 생활도 오늘뿐이다
어디서, 무엇 가지고, 무엇 하다가 주님 만날 것인가?
범죄치 말라.
기도, 성경 읽기 등한히 하고
책임을 게을리하다가 주를 만날까 두렵다

오늘에 만족하게 살고 준비하라
어둔 밤 되기 전에 준비하라.

손양원 목사 설교집 2. 1994.

아홉 가지 감사[1]

(1) 나 같은 죄인의 혈통에서 순교의 자식을 나게 하시니 감사.
(2) 허다한 많은 성도 중에서 이런 보배를 나에게 주셨으니 감사.
(3) 삼남 삼녀 중에서 가장 귀여운 맏아들과 둘째 아들을 바치게 하시니 감사.
(4) 한 아들의 순교도 귀하거늘 하물며 두 아들이 함께 순교했으니 더욱 감사.
(5) 예수 믿고서 와석종신(臥席終身)(제명을 다하고 편안히 자리에 누워서 죽음) 해도 복이라 했는데 전도하다 총살 순교했으니 더욱 감사.
(6) 미국 가려고 준비하던 아들이 미국보다 더 좋은 천국 갔으니 내 마음이 안심되어 더욱 감사.

---

1 1948년 10월 애양원교회 부흥회 도중 여순 반란이 터져 두 아들을 잃은 손양원 목사가 다시 하나님을 만나며 적은 감사문.

(7) 내 아들을 죽인 원수를 회개시켜 아들을 삼고자 하는 사랑의 마음을 주신 하나님께 감사.

(8) 내 아들의 순교의 열매로써 무수한 천국의 열매가 생길 것을 믿으면서 감사.

(9) 역경 속에서도 하나님의 사랑을 깨닫게 하시고 이길 수 있는 믿음을 주신 하나님께 감사.

손양원 목사 옥중 목회. 2000.

꽃피는 봄날에만[1]

꽃피는 봄날에만 주 사랑 있음인가
땀을 쏟는 염천에도 주 사랑 여전하며
열매 맺는 가을에만 주 은혜 있음인가
추운 겨울 주릴 때도 주 위로 더할 것은

솔로몬의 부귀보다 욥의 고난 더 귀하고
솔로몬의 지혜보다 욥의 인내 아름답다
이 세상의 부귀영화 유혹의 손길 되나
고생 중 인내함은 최후 승리 이룩하네

세상 권력 등에 업고 믿는 자를 핍박하는
어리석은 사람들아 회개하고 돌아오라
우상의 힘 며칠 가며 인간의 힘 며칠 가나

---

1 신사참배 거부로 무기 구금형을 받고 옥중 생활을 하던 중 부인 정양순 여사와 동인에게 보낸 1943년 8월 18일자 서신에 포함된 내용.

하나님의 심판 날에 견디지 못하리라

(중략)
저 천성을 바라보니 이 세상은 나그네 길
죽음을 피하라고 나의 갈 길 막지 마라
내게 맡긴 양을 위해 나의 겨레 평화 위해
우리 주님 가신 길을 충성으로 따르리라

손양원 목사 설교집 4-옥중서신. 1943.

부흥회 시에 먼저 읽을 것

(1) 하나님의 지능을 의뢰하고 나의 지식을 믿지 말 것.

(2) 주님을 나타내지 않고 자기를 나타낼까 삼가 조심할 것.

(3) 성경의 원리를 잘 모르고 내 지식대로 거짓말하지 않게 할 것.

(4) 간증 시에 침소봉대하여 거짓말되지 않게 할 것.

(5) 나도 못 행하는 것을 남에게 무거운 짐 지우게 말 것.

(6) 내 한마디 말에 청중 생명의 생사 좌우 관계있음을 깊이 알고 말에 조심도 열심도 충성도 이 한 시간 내 성경 말씀 한마디에 사람의 영이 생사 좌우되는 것 잘 생각해야 된다. 지옥에서 끌어 올리게도 끌어 내리게도 되니까.

(7) 음식과 물질에도 크게 주의할 것. 주님 대신 받는 대접이니 대접받을 자격 있는가 살피라. 배 위하여 입맛에 취해 먹지 말고 일하기 위하여 먹으라. 물질 선물에는 하등의 관심을 두지 말 것이라.

오, 주여. 이 한 시간에 주 앞에서 범죄하지 말게 해 주시고 사람 앞에 비 없는 구름같이 은혜 못 끼치고 돌아갈까 주의하게 하소서. 또 내 생애 유일한 참고서는 오직 성경 66권이 되게 하소서.

나의 아버지 손양원 목사. 1948. / 1949년 일기 참조.

2장

성경대로 사는 삶

왜 내가 예수 믿게 되는지

에베소서 1장 3-14절

> 찬송하리로다, 하나님 곧 우리 주 예수 그리스도의 아버지께서
> 그리스도 안에서 하늘에 속한 모든 신령한 복을 우리에게 주시되
> 곧 창세 전에 그리스도 안에서 우리를 택하사(에베소서 1:3-4)

1. 내가 구원을 받게 되었으니 믿습니다. 만세 전에 택함받았습니다. 믿어서 구원받게 되었습니까, 구원을 얻어서 믿습니까? 나의 구원은 하나님의 은혜로 되었습니다. 구원이 완성되었습니다. 하나님이 택하지 않은 자는 못 믿습니다. 믿음보다 구원이 우선입니다. 구원은 위에서부터입니다. 내가 구원을 받게 되었으므로 믿습니다.

2. 영혼의 존재를 시인하게 되니 믿습니다. 부모의 존재를 시인할 때 부모를 공경하게 됩니다. 영혼의 존재를 시인한다면 믿어야 합니다. 철학자의 말이, 철학은 의심에서부터 생긴

다고 합니다. 하지만 영혼을 가진 인간은 영혼의 존재를 시인하는 것으로부터 믿게 됩니다.

3. 세상에 도덕 생활을 하는 사람이 있으나 나는 예수를 믿습니다. 살아서는 기쁘게 살고 싶고, 의에 서서 살고 싶기 때문에 예수를 믿습니다.

4. 주님의 십자가와 부활의 사실을 확실히 알게 되니 믿습니다. 신앙은 주관적이 아니요, 객관적입니다. 십자가 대속과 부활의 새생명을 얻게 되었습니다.

5. 나는 미래의 구원보다 과거 하나님의 사랑에 감격하여 믿게 되었습니다. 천당이 좋다고 하고 예수가 좋다고 하니 맹목적입니다. 그래서 의심도 나고 비평도 하다가 생각하여 천당의 복이 있다, 혹은 없다 하니 반신반의입니다. 그러나 믿어 두어야 하겠습니다. 천당이 있다면 갈 것이요, 없다면 지옥 가니 믿어 둡시다. 준비합시다. 믿으려면 내가 남보다 더 잘 믿어야 되겠습니다. 믿으면 된다고, 구하면 주신다고 하니 믿어 봅시다. 최후에는 내가 죄인이라는 것을 통렬히 깨닫고 회개한 후에 기쁨과 즐거움을 측량할 수 없게 되었습니다. '이제는 지옥을 면하고 천당을 가게 되었구나' 했습니다. 욕심이 많았습니다. 넷째 단계에 들어가서 하나님의 은혜에 감격했습니다.

하나님의 사랑, 성부의 예정, 사랑하는 나를 위해 그리스도를 보내 주신 것, 성신을 보내 주신 것, 성경을 주신 것입니다. 만물을 주신 사랑입니다. 즉,

(1) 성자의 사랑
① 사람 되어 오신 것입니다. 세상에 왕자 보고 거지가 되라고 하면 되고 싶을까요? 하나님의 아들이 사람 되어 오신 사랑입니다.
② 대신 생활代身生活입니다. 예수께서는 나 때문에 땀과 눈물, 배고픔을 견디셨습니다.
③ 대신 돌아가심입니다.
④ 부활하신 것입니다.
⑤ 승천하신 것입니다. 날 위해 기도하셨습니다.
(2) 성신의 사랑
① 보혜사, 은혜의 보혜사 성신은 참 나를 사랑하십니다.
② 날마다 탄식 기도하며 날 대신하여 늘 기도하십니다. 기도하게 하십니다. 나는 잠을 자도 성신은 나를 보호하십니다.
③ 내 구원을 완성할 때까지 인내하고 구원해 주실 것입니다. 노력해 주십니다. 구원의 확신을 주십니다. "다른

이로써는 구원을 받을 수 없나니 천하 사람 중에 구원을 받을 만한 다른 이름을 우리에게 주신 일이 없음이라"(사도행전 4:12).

다른 종교에도 여러 가지 이론이 많습니다. 그러나 사도행전 4장 12절과 같이 명백히 가르친 종교는 없습니다. 불교에는 8만 4천 개의 문이 있다고 하나 기독교에는 한 개의 문뿐입니다. 좁고 험한 십자가 문밖에 없습니다. 기독교는 지능의 종교가 아닙니다. 성신의 종교입니다. 성신이 나를 붙들어 지옥에 못 가게 인도하십니다. 설교를 하는 본인도 이 길로 저 길로 나아가려 했지만 저를 버리지 아니하시고 기어이 저를 회개시키셨습니다. 하나님의 은혜에 감격합니다. 불신은 허망할 뿐입니다. 의지할 이가 없기 때문입니다. 하나님 없는 인간, 구주 없는 인간은 참으로 허망합니다. 불신자는 무슨 재미로 사는지 모르겠습니다. 미래의 소망 없는 인간은 허망할 뿐입니다.

1948년 5월 23일 주일

예수와 같이 말하는 자가 없더라

요한복음 7장 25-53절

> 예수로 말미암아 무리 중에서 쟁론이 되니
> 그 중에는 그를 잡고자 하는 자들도 있으나 손을 대는 자가 없었더라.
> 아랫사람들이 대제사장들과 바리새인들에게로 오니
> 그들이 묻되 어찌하여 잡아오지 아니하였느냐.
> 아랫사람들이 대답하되 그 사람이 말하는 것처럼 말한 사람은
> 이 때까지 없었나이다 하니 (요한복음 7:43-46)

구약 율법과 선지 중에 똑똑하고 말 잘하는 자가 많이 있었습니다. 그러나 예수와 같이 말하는 자는 없었습니다. 이는 관원의 힘 있는 증거입니다. 마태복음 7장 말미에 보면 권세 있는 예수께서는 구약과 신약 중 성현 군자 중에도 못할 말씀을 많이 하셨습니다.

1. 하늘에 계신 아버지

"그러므로 너희는 이렇게 기도하라. 하늘에 계신 우리 아버지여, 이름이 거룩히 여김을 받으시오며"(마태복음 6:9) "이같이 한즉 하늘에 계신 너희 아버지의 아들이 되리니"(마태복음 5:45).

불교와 유교는 무신론입니다. '천天' 자, 첫 줄이 그것입니다. 공자가 천생만민天生萬民(하늘이 낸 만백성)이라고 했으나 하나님을 아버지라고는 하지 않았습니다. 공자가 두려워할 만한 말에 대해, 석가는 천상천하天上天下에 유아독존唯我獨尊이라 했습니다. 우주 가운데 자기보다 더 존귀한 자는 없다는 것입니다.

세상의 성인군자란 자들도 하나님을 아버지라고 부르지 못했는데 나 같은 죄인이 하나님을 아버지라고 부르게 된 것을 생각할 때 참말로 감사합니다. 세상 많은 사람 중에 누가 나보고 아버지라고 부를 것입니까? 내 아들과 딸이 아니고서는 부르지 않습니다. 그리스도로 말미암아 하나님을 아버지라고 부르게 되었습니다.

2. 내가 죄인을 부르러 왔노라

"예수께서 들으시고 그들에게 이르시되 건강한 자에게는

의사가 쓸 데 없고 병든 자에게라야 쓸 데 있느니라. 나는 의인을 부르러 온 것이 아니요 죄인을 부르러 왔노라"(마가복음 2:17).

창세 이후로 이 말을 한 자가 누가 있습니까? 죄인인 인간은 죄인을 미워하고 싫어합니다. 그러나 오직 예수만 죄인을 불쌍히 여기셨습니다. 예수는 죄인인 줄 깨닫는 사람에게만 구주입니다. 누가복음 5장 20절 말씀에 "예수께서 그들의 믿음을 보시고 이르시되 이 사람아 네 죄 사함을 받았느니라" 하셨습니다. 세상에 누가 이 말을 할 것입니까? 석가는 말하기를 "네 죄는 네가 담당하라"고 했습니다. "죄인을 부르러 왔노라"고 누가 했습니까? 성현 군자라도 하나님 앞에서는 죄인입니다. 석가가 말하기를 "현재의 네 고통은 네 죄, 미래의 고통은 현재의 죄의 결과"라고 했습니다.

3. 나니 두려워 말라

"제자들이 그가 바다 위로 걸어오심을 보고 놀라 유령이라 하며 무서워하여 소리 지르거늘 예수께서 즉시 이르시되 안심하라 나니 두려워하지 말라"(마태복음 14:26-27) "예수께서 그 하는 말을 곁에서 들으시고 회당장에게 이르시되 두려워하지 말고 믿기만 하라"(마가복음 5:36) "예수께서 나아와 그들에게 손을 대시며 이르시되 일어나라 두려워하지 말라"(마태복음 17:7).

(1) 바다 위에서 (2) 죽어 가는 사람에게 (3) 영광 중에 쓰러진 인간에게 말씀하셨습니다. 우주를 창조하신 그리스도. 마태복음 14장 13-33절 중 예수의 3대 정복은 다음과 같습니다.

① 인간의 생활: 인생의 생활을 자유롭게
② 고해인 바다: 고해인 세상을
③ 바람: 대자연을, 자연의 위력

영국의 유명한 무신론자가 바다의 성난 파도 중에서는 하나님을 불렀습니다. 육지에서는 무신론, 바다에서는 유신론입니다. 불교의 유명한 대사가 거름 위를 걸어가다가 돌아왔습니다.

하나님의 아들 예수만이 ① ② ③을 말할 수 있습니다. 우리 기독자가 타인에게 전도 중에 꼭 할 말은 (1) 죄 없는 사람은 없다 (2) 죽지 않는 사람은 없다 (3) 심판받지 아니할 사람은 없다는 것입니다. 죄로, 죽음으로, 심판으로 죽을 인간에게 "내니 두려워 말라" 하신 이가 누구입니까?

4. 목숨을 버려 속죄하러 왔노라

"인자가 온 것은 섬김을 받으려 함이 아니라 도리어 섬기려 하고 자기 목숨을 많은 사람의 대속물로 주려 함이니라"(마태복음 20:28).

석가, 공자 등 누가 이 말을 했습니까? 생로병사에서 속죄자가 있었습니까? 속죄자는 오직 예수입니다.

5. 하늘로서 내려온 자이다

"나는 하늘에서 내려온 살아 있는 떡이니 사람이 이 떡을 먹으면 영생하리라"(요한복음 6:51) "하늘에서 내려온 자 곧 인자 외에는 하늘에 올라간 자가 없느니라"(요한복음 3:13).

이 말은 누가 하였습니까? 오직 예수뿐입니다. 공자는 어머니가 이구산二九山[1]에 가서 기도하여 얻었습니다. 그래서 공자는 이름이 구丘입니다. 저는 인자人子라는 말에서 예수는 참 사람, 참 하나님이심을 알 수 있습니다. 인자란 말은 그가 사람만이 아니란 말입니다.

1946년 7월 21일 주일

---

[1] '이구산(二九山)'이 아니라 '니구산(尼丘山)'으로, 손양원 목사가 혼동한 것으로 보인다. 공자가 이곳에서 태어났기 때문에 공자의 이름은 구(丘)이고 자는 중니(仲尼)가 되었다.

예수의 새계명

마가복음 12장 28-38절

> 예수께서 대답하시되 첫째는 이것이니 이스라엘아 들으라.
> 주 곧 우리 하나님은 유일한 주시라. 네 마음을 다하고 목숨을 다하고 뜻을 다하고
> 힘을 다하여 주 너의 하나님을 사랑하라 하신 것이요,
> 둘째는 이것이니 네 이웃을 네 자신과 같이 사랑하라 하신 것이라.
> 이보다 더 큰 계명이 없느니라(마가복음 12:29-31)

십계를 완성, 완수하는 법은 예수님께서 가르치셨습니다. 경천애인敬天愛人, 하늘을 숭배하고 인간을 사랑하는 것은 십계의 가장 중요한 법입니다. 진정한 신자는 십계를 다 지킬 수 있습니다. 하나님을 사랑하면 1-4계명을, 사람을 사랑하면 5-10계명을 완수할 수 있습니다. 사랑의 훈계는 십계의 원리를 가르친 것입니다. 불신자는 도덕을 중심으로 하나 기독자는 사랑의 훈계를 중심으로 합니다. 공자와 석가 사이 400년,

석가와 소크라테스 사이는 12년, 구약과 예수 사이는 400년입니다. 인간은 각각 자기가 위하는 대상자의 말을 듣습니다. 그러나 성경은 너희는 주 예수 그리스도의 말씀을 들으라, 거짓 선지자의 말, 공자와 석가나 소크라테스나 과학자의 말도 듣지 말고 오직 주 예수 그리스도의 하신 말씀을 들으라고 합니다.

우리 주 예수 그리스도는 '모든 나라'라는 말입니다. 우리 주 예수 그리스도라는 말, 여기에는 '예수는 만국, 만민의 구주시라'는 뜻이 담겨 있습니다. 예수의 십자가 위의 명패에 쓴 글입니다. 불신자, 저들의 스스로 하는 일이 하나님의 대경륜을 이룹니다. 명패에 쓴 글 가운데 예수가 하나님을 사랑하는 데 있어 표준은 '네 마음, 뜻, 성품을 다해 사랑하고' 사람을 사랑하는 데 표준은 '네 몸과 같이' 입니다.

기독교의 사랑은 아가페의 사랑입니다. 세 가지 사랑은 에로스Eros, 필리아Philia, 아가페Agape입니다. 에로스는 부부애를, 필리아는 사회 도덕적 사랑을, 아가페는 하나님의 사랑입니다. 세상에는 하나님을 사랑하라는 계명이 없습니다. 아가페의 사랑은 내가 너희를 사랑하듯 사랑하라는 말입니다.

마음은 사상, 정서, 지정의를 포함한 전인격을 다해서, 성품은 지혜와 정신, 뜻은 힘과 생각입니다. 그러므로 정성을 다해 사람을 사랑하십시오. 네 몸과 같이 사랑하십시오. 묵자, 석가는 곤충까지 죽이지 말라고 했습니다. 나를 사랑함 같이 남을 사랑하는 데는 위대한 진리가 있습니다. '나'라는 '나'는 하나님 다음입니다. 나와 같이 남을 사랑한다는 것, 인간의 사랑 중에는 이것 이상이 없습니다. 나 없이는 아무것도 없습니다. 내 영혼 귀한 줄 알아야 남의 영혼 귀한 줄 알고, 천당의 복을 모르는 자가 남을 사랑할 줄 모릅니다. 아가페의 사랑은 하늘에서의 사랑, 인간 사이에서의 사랑이 아닙니다. 여호와의 대계명을 순종하십시오.

1946년 10월 2일 수요일

예수의 5대 명령이라

마태복음 14장

> 예수께서 이르시되 갈 것 없다 너희가 먹을 것을 주라.
> 제자들이 이르되 여기 우리에게 있는 것은 떡 다섯 개와 물고기 두 마리뿐이니이다.
> 이르시되 그것을 내게 가져오라 하시고 무리를 명하여 잔디 위에 앉히시고
> 떡 다섯 개와 물고기 두 마리를 가지사 하늘을 우러러 축사하시고
> 떡을 떼어 제자들에게 주시매 제자들이 무리에게 주니
> 다 배불리 먹고 남은 조각을 열두 바구니에 차게 거두었으며
> 먹은 사람은 여자와 어린이 외에 오천 명이나 되었더라 (마태복음 14:16-21)

1. 갈 것 없다

제자와 선생의 생각이 같지 않았습니다. 제자들은 어디로 가야 먹을 것을 얻는 줄 알았으나 예수는 안 가도 먹일 것이 있을 줄 아셨고, 또한 날이 저물었기에 무리가 흩어져 가면 고생할 것을 생각하시고 "갈 것 없다"고 말씀하셨습니다.

요한복음 21장에 베드로와 제자들이 주의 사업을 그만두

고 갈릴리 바다에 가서 고기를 잡으려고 밤새도록 수고했지만 헛수고한 것과 같이, 신자가 흔히 주의 법도를 떠나 세상으로 나가 무슨 사업을 하면 잘될 줄로 생각하나 나갔다가 실패만 하는 것입니다.

2. 너희가 먹을 것을 주어라

하나님은 그저 주기를 좋아하시는 하나님입니다. 우주 공간에 만물을 다 그저 주셨습니다. 수水, 화火, 금金, 목木, 토土, 공기, 동식물 각종을 주신 것입니다. 주시다 못해 독생자까지 주셨습니다. 그러므로 누가복음 18장 18절 이하에서 청년 부자에게도 "있는 것을 다 나눠 주라" 하신 것은 인생은 공수래공수거空手來空手去하므로 "받는 것보다 주는 것이 복 있다" 하신 것입니다. 비유컨대 사해가 갈릴리 바다보다 약 400미터 낮으니, 갈릴리 바다는 들어오는 물을 다른 바다로 내보내어 어류魚類가 자라서 인생에게 유익을 주나 사해는 들어오는 물을 내어 주지 않아 어류가 못 자라므로 인생에게 무익합니다.

마태복음 25장에 금 1, 2, 5달란트 받은 종 중에 두 달란트와 다섯 달란트 받은 이는 잘 써서 남겼으나 한 달란트 받은 자는 숨겨 두었기 때문에 주인에게 책망받은 것입니다.

3. 가져 오너라

주는 무소불능無所不能, 즉 무엇이든 능하지 않은 것이 없으시기에 자기가 능히 혼자 하실 수 있지만 제자를 시킨 것은 사람과 같이 일을 하심으로 성취하실 것을 알게 하신 것입니다.

제자들이 비록 적은 것이라도 주께 드림으로 5,000명을 먹인 것 같이 우리 적은 재산이나 몸을 다 드릴 것 같으면 더 요긴하고 유익하고 크게 쓰실 수 있습니다. 가령 무디Dwight L. Moody 선생은 학교 공부한 일도 없지만 자기 몸을 온전히 주께 드린 까닭에 큰 권능을 얻어 유명한 학자 앞에서 설교를 해도 다 듣고 눈물을 흘리며 회개했다고 합니다. 이것은 또한 서양의 유명한 셰익스피어에게 작은 붓 한 자루를 주면 천하만담을 기록할 수 있는 것과 같습니다.

4. 풀에 앉게 하라

세상의 유명한 잔치에 참여하는 것이 좋지만 예수의 잔치에 참예하는 것보다 더 좋은 잔치 자리는 없습니다.

5. 남은 부스러기를 다 주워라

사람들은 조금만 부족하면 어려워하고, 조금만 배부르면 업신여기는 생각이 있습니다. 이 무리는 조금 전에는 배고파서 곤란하다가 조금 배부르니 부스러기를 버렸습니다. 그래서 주께서 주우라고 하셔서 주우니 열두 광주리가 되었습니다. 이와 같이 시간이나 금전이나 적다고 업신여기지 말고 귀중히 여겨야 합니다. 미국의 석유대왕 록펠러John Rockefeller는 5전으로 미국에서 제일 유명한 부자가 되었습니다.

미국에는 공중차空中車와 지하차地下車[1]가 있는데 전철이 지하철보다 3분은 더디 가기 때문에 시간 3분을 경제적으로 사용하기 위해 지하철을 타고, 또한 자동차도 다른 자동차보다 5분 더 빠르다는 광고가 붙었으면 5분 빠른 차를 탄다고 합니다. 그러므로 시간과 금전의 크고 작음을 물론하고 업신여기지 말고 잘 모으고 이용하면 대사업을 성취할 것입니다.

연대 미상

---

[1] 공중차는 지상으로 다니는 전철을, 지하차는 지하철을 말하는 것으로 보인다.

예수를 좇음이라

누가복음 9장 57-62절

세상 사람들이 좇는 법을 보면 신하와 백성은 왕을 좇고, 아내는 남편을 좇고, 제자는 선생을 좇고, 자식은 부모를 좇습니다. 이와 같이 신자도 주를 좇을 때 구주로 좇고, 신랑으로 좇고, 선생으로 좇아야 할 것인데 몇 가지 주의하고 좇아야 함을 주님께서 말씀하셨습니다.

1. 사욕을 버리고 좇아야 합니다.

"길 가실 때에 어떤 사람이 여짜오되 어디로 가시든지 나는 따르리이다. 예수께서 이르시되 여우도 굴이 있고 공중의 새도 집이 있으되 인자는 머리 둘 곳이 없도다"(누가복음 9:57-58).

(1) 제자가 "주께서 어디를 가든지 좇아가겠다" 한 것은 주께서 세상의 왕이 되었을 때의 자기 권세와 영광을 목적으로 한 것이므로 주께서 자기 처지를 말씀하셨습니다.

(2) 사울 왕도 사욕을 좇다가 버림을 당했습니다.

(3) 가룟 유다와 아나니아도 사욕을 좇다가 사망했습니다.

2. 핑계하지 말고 좇아야 합니다.

"또 다른 사람에게 나를 따르라 하시니 그가 이르되 나로 먼저 가서 내 아버지를 장사하게 허락하옵소서. 이르시되 죽은 자들로 자기의 죽은 자들을 장사하게 하고 너는 가서 하나님의 나라를 전파하라"(누가복음 9:59-60).

(1) 제자가 자기 소망이 떨어져서 핑계한 것입니다.

(2) 주께서 자기 처지를 말하니 핑계한 것입니다.

(3) 자기를 의지하는 자는 낙심하기 쉽습니다. 무식無識, 무산無産 때문에 모세도 핑계했으나 주께서 성취하게 하셨습니다.

3. 뒤를 돌아보지 말고 좇아야 합니다.

"예수께서 이르시되 손에 쟁기를 잡고 뒤를 돌아보는 자는 하나님의 나라에 합당하지 아니하니라"(누가복음 9:62).

(1) 롯의 아내도 뒤돌아보다가 죽었습니다.

(2) 베드로도 파도 가운데 의심하다가 주께 책망을 받았습니다.

그러므로 주를 좇아가는 신자는 이상의 세 가지 조건을 버리고 주를 좇아야 할 것입니다.

연대 미상

그리스도인의 실생활

갈라디아서 5장 13-25절

> 오직 성령의 열매는 사랑과 희락과 화평과 오래 참음과
> 자비와 양선과 충성과 온유와 절제니
> 이같은 것을 금지할 법이 없느니라(갈라디아서 5:22-23)

기독자란 타인이 "그는 기독자라"고 하기까지 되어야 합니다. 교회에 출석 잘해서가 아니요, 목사라고 해서가 아닙니다. 천당 설명자만 되지 말고 천당에 앉을 자가 되십시오. 지옥 설명자만 되지 말고 지옥 가지 않도록 하십시오. 집주인이 들어갈 때부터 문패가 바뀝니다. 기독자는 그리스도와 같이 십자가에 못박힌 자입니다. 십자가에 못박힌 자는 자기 하고 싶은 대로 하지 못합니다. 참 기독자는 자기 하고 싶은 대로, 먹고 싶은 대로 못합니다. 우리 기독자의 실생활 전체가 십자가에 못박혀야 합니다. 십자가에 못박힌 동안에는 고통이 심합

니다. 그러나 완전히 십자가에 못박힌 후에는 고통이 없습니다. 그러므로 정情과 욕심까지 못박은 자에게는 고통이 없습니다. 참으로 못박힌 자의 생활은 다음의 성신의 아홉 가지 열매를 맺습니다.

1. 사랑

인간에게는 참사랑이 없습니다. 성신 받은 후에 떨어지는 첫 열매는 사랑입니다. 예수는 사랑입니다. 오순절 성신 받은 자의 생활은 사랑의 생활입니다.

2. 희락

풀의 생명은 푸르름, 꽃의 생명은 향기인 것처럼 기독자의 생명은 희락입니다. 하늘의 기쁨을 소유한 기쁨입니다. 기독자의 희락은 무조건적인 희락입니다.

3. 평화(스데반의 평화)

원수 앞에서 평화의 얼굴은 참말 어려운 일입니다. 기독자의 평화가 언제부터 평온한 것입니까? 하나님만 대상하여 살 때입니다. 기독자의 생활은 앙망하는 생활이라야 합니다. 다른 것을 생각할 때 평화는 깨어집니다.

4. 인내

인내로써 성공하십시오.

5. 자비

불한당 맞은 자에게 자비를 베푸십시오.

1946년 7월 14일 오후[1]

---

[1] 손양원 목사의 설교 노트에는 '자비'까지만 언급하고 있는데, 이 밖에도 '양선, 충성, 온유, 절제'를 합하여 아홉 가지 열매를 이룬다.

복 있는 손

요한복음 6장 1-14절

이 세상에서 제일 귀한 것이 무엇이냐고 물으면 '손'이라고 하겠습니다. 손이 아니면 이 우주도 없고, 인류 사회의 사농공상士農工商의 아무 소득도 없고, 행복도 없을 것입니다. 손이 있음으로 사농공상을 하여 의식주의 재료를 얻게 되는 것입니다. 세상에 모든 일이 손을 거치지 않은 것이 없습니다. 그러므로 손을 잘 쓰면 복이 있습니다.

1. 하나님의 손

하나님의 손은 복 있는 손입니다. 창세기 1장에 보면 태초에 하나님이 천지를 창조하셨다고 했습니다. 하나님의 손이 6일간 지구를 지으시고, 또한 오늘날까지 지구를 보전하십니다. 하나님의 능력의 손이 지구를 붙들어 주시지 않으면 즉시 파괴되었을 것입니다. 그러므로 하나님의 손은 창조의 손, 보호의 손, 축복의 손입니다.

2. 수고하는 손

시편 128편 2절에 "네가 네 손이 수고한 대로 먹을 것이라 네가 복되고 형통하리로다"라고 했습니다. 에베소서 4장 28절에 보면 "도둑질하는 자는 다시 도둑질하지 말고 돌이켜 가난한 자에게 구제할 수 있도록 자기 손으로 수고하여 선한 일을 하라"고 했습니다. 그러므로 이 손으로 수고하여 선한 생업을 하는 것은 복 있는 손입니다. 그러나 그와 반대로 게으른 손은 천한 손이 될 것이며 불쌍한 손이 될 것입니다.

잠언 24장 30-34절에 보면 게으른 자의 밭과 무지한 자의 포도원을 지나면서 보니 가시덤불이 자라며 거친 풀이 지면에 덮여 있으며 돌담이 무너졌다고 했습니다. 과연 게으른 자의 전답에는 잡풀과 가시덤불이 자랍니다. 또한 집과 울타리에 박은 긴 말뚝이 다 넘어집니다. 그러므로 우리는 수고하는 손이 되어 사농공상 간에 선한 생업을 하여 선한 사업으로 하나님께 영광을 돌리고 인류 사회에 행복을 끼치는 손이 됩시다.

3. 씨 뿌리는 손

누가복음 8장 4-15절에서 씨 뿌리는 사람이 씨를 뿌릴 때 더러는 길가에 떨어지고, 더러는 가시덤불 속에 떨어지고, 더러는 돌짝밭에 떨어지고, 더러는 옥토沃土에 떨어지매 옥토에 떨어진 씨는 결실함이 30배도 되고 60배도 되고 100배도 된다고 하였으니 우리는 씨 뿌리는 손이 되어 하나님의 말씀을 길가나 가시밭이나 메마르고 척박한 밭이나 옥토에 뿌려 봅시다. 많이만 뿌려 두면 옥토에 떨어진 씨도 있어 30배, 60배, 100배의 추수를 할 수도 있습니다.

4. 주는 손

사도행전 20장 35절에서 바울은 "주 예수께서 친히 말씀하신 바 주는 것이 받는 것보다 복이 있다 하심을 기억하여야 할지니라"고 했습니다.

본문 요한복음 6장 1-14절의 사실을 볼지라도 한 아이의 보리떡 다섯 개와 물고기 두 마리로 5,000명의 대중이 포식하고 부스러기를 주운 것이 열두 광주리에 찼습니다.

남에게 주는 것이 나에게는 적은 것이나 타인에게는 많은 유익이 되고 좋은 결과를 맺는 것입니다. 그러므로 우리는 주는 손이 됩시다. 참 복 있는 손입니다.

5. 깨끗한 손

시편 24편 3-4절에 "여호와의 산에 오를 자가 누구며 그의 거룩한 곳에 설 자가 누구인가 곧 손이 깨끗하며 마음이 청결하며 뜻을 허탄한 데에 두지 아니하며 거짓 맹세하지 아니하는 자로다"라고 했습니다. 깨끗한 손은 어떠한 손입니까? 남을 구제하는 손, 복음을 전하는 손, 자기 업무에 충실한 손, 남을 살리는 손입니다. 그러나 부정한 손은 어떠한 손입니까? 주색잡기酒色雜技에 쓰는 손, 잡신 우상에 기도하는 손, 도적질하는 손, 구타하는 손은 다 부정한 손입니다.

잡기雜技하던 사람은 예수 믿은 후에 깨끗한 손이 되고, 술 먹던 손이 깨끗한 손이 되고, 도적질하던 손이 타인을 도와주는 손이 되고, 구타하던 손이 타인에게 화평을 주는 손이 되고, 우상을 섬기던 손이 기도하며 축복하는 손이 됩니다. 그러므로 깨끗한 손이 됩시다.

6. 손바닥만 한 구름 같은 손

열왕기상 18장 43절에 엘리야가 비 오기를 기도하고 하인

더러 이르기를 "너는 바다 위에 가 보라" 하니 하인이 일곱 번 만에 와서 "바다 위에 손바닥만 한 구름이 올라오는 것을 보았다"고 했습니다. 그러므로 가뭄에 비를 가지고 오는 손바닥만 한 구름같이 은혜의 비를 가지고 오는 구름 같은 복 있는 손이 되시기를 바랍니다.

이스라엘 나라의 3년 반 한재旱災(가뭄으로 인해 생기는 재앙)와 같은 영육간의 한재를 당한 이 사회에서 심령의 갈증을 당한 그리스도인에게 은혜의 성신의 비를 가져오는 복 있는 손이 되어 봅시다.

7. 못박힌 손

요한복음 20장 25-29절에 보면 예수께서 부활하신 후 제자들에게 여러 차례 나타나시는 중 도마가 보지 못하여 가로되 "내가 그의 손의 못 자국을 보며 내 손가락을 그 못 자국에 넣으며 내 손을 그 옆구리에 넣어 보지 않고는 믿지 않겠다"고 했습니다. 그래서 예수께서 도마가 있을 때 나타나서 "네 손가락을 내밀어 내 손을 만져 보고 네 손을 내밀어 내 옆구리에 넣어 보라"고 했습니다.

과연 예수님의 손바닥에는 못 자국이 있습니다. 오늘날까지 못 자국 있는 손을 내놓으시고 기도합니다. 우리 대신 박힌 못 자국, 우리를 사죄하신 못 자국, 우리를 살려 주신 못 자국입니다.

성부 하나님께서 권능의 손으로 이 세상을 낙원의 세상으로 지으신 것을, 원수 마귀가 인생을 범죄하게 하여 지옥의 세상으로 만들어 놓았으나, 성자 예수께서 자비의 손바닥에 못을 박음으로 이 세상을 다시 회복하게 되었습니다. 이러므로 십자가의 못 자국이 있으신 예수님의 손은 참으로 복 있는 손입니다.

우리 손은 하나님의 손같이 수고하는 손, 씨 뿌리는 손, 주는 손, 깨끗한 손, 구름 같은 손, 예수님의 손과 같이 못박힌 손이 되어 복 있는 손이 되도록 합시다.

연대 미상

어린이를 영접하라

마태복음 18장 1-14 절

> 예수께서 한 어린 아이를 불러 그들 가운데 세우시고 이르시되
> 진실로 너희에게 이르노니 너희가 돌이켜
> 어린 아이들과 같이 되지 아니하면 결단코 천국에 들어가지 못하리라.
> 그러므로 누구든지 이 어린 아이와 같이 자기를 낮추는 사람이 천국에서 큰 자니라.
> 또 누구든지 내 이름으로 이런 어린 아이 하나를 영접하면 곧 나를 영접함이니
>
> (마태복음 18:2-5)

유대 나라와 조선 나라는 어린이를 무시했습니다. 이것은 유교의 관념입니다. 그러나 청년을 지도하고 어린이를 사랑으로 양육하는 것은 문명국에서 합니다. 특히 기독교에서 여기에 중점을 두고 있습니다. 어린아이를 사랑하는 나라는 속히 문명이 발달합니다. 야만인이 하는 행동을 보십시오. 어린아이를 마음대로 때리고 무시합니다. 어린이의 가치는 귀합니다. 조금도 간사한 기운이 없습니다. 순진합니다. 예수님께서

도 어린이를 사랑하셨습니다. 축복하셨습니다. 참으로 어린이는 귀하고 어여쁘고 씩씩하며 총명이 있습니다.

세상의 타락한 문명은 사람을 죽이는 것입니다. 사람을 많이 죽이는 나라가 문명국이 되었습니다. 어른은 사람을 죽이는 일이 있습니다. 하지만 어린이가 살인하는 일은 없습니다. 어린이는 진실하고 거룩합니다. 어떤 성자는 어린이를 천사라고 했습니다. 거짓이 없기 때문입니다.

나라가 잘되게 하려면 어린이를 가꾸십시오. 어린이를 존숭尊崇하십시오. 예수는 어린이 편입니다. 어린이는 하나님 얼굴에 가깝습니다. 에덴에서 범죄하기 전에는 어린이와 같이 벗은 몸이었습니다. 어린이는 천국에 들어가는 자의 모형입니다. 어린이에게는 자범죄自犯罪(사람이 출생 후부터 짓는 죄)가 없습니다. 어린이를 가르치기 전에 아이에게 먼저 배우십시오. 어린이는 천진 겸손 사랑 무사기합니다. 겸손 순종 순진 의뢰심 악이 없으며 성장합니다.

어린아이는 2세 국민, 2세 교인이니 경시하지 마십시오. 아이를 사랑하고 영접하고 지도하십시오. 국가가 잘되게 하려면, 교회가 잘되게 하려면 어린이를 지도하십시오. 어린이는 백지와 같습니다. 물들이는 대로, 넣어 주는 대로 됩니다. 어린이를 영접하는 것이 예수를 영접하는 것입니다.

어린이를 지도하고 사랑함에 있어 (1) 보건, 체육 (2) 교육, 지식 배양 (3) 도덕 방면의 교육 (4) 신앙 방면에서 선도하십시오. 어린이에 대한 책임은 어른에게, 부모에게, 선생에게 있습니다. 죽이고 살리는 책임이 누구에게 있습니까? 나일 강변에 내버린 모세가 이스라엘의 구주가 될 줄 누가 알았겠습니까? 미국의 무디나 에디슨을 보십시오. 어린이를 경시하지 마십시오. 사랑하고 영접하십시오. 예수님의 명령입니다. 노인을 경애하고 청년을 지도하며 아이를 사랑하고 교육하십시오.

1947년 6월 23일 주일

부모에게 효도하라

잠언 6장 20-23절, 23장 22-26절, 1장 8절

> 너를 낳은 아비에게 청종하고 네 늙은 어미를 경히 여기지 말지니라(잠언 23:22)
> 내 아들아 네 아비의 훈계를 들으며 네 어미의 법을 떠나지 말라(잠언 1:8)

신을 경배하고 노인을 존경하고 부모에게 효도해야 할 여섯 가지 까닭이 있습니다.

1. 부모는 나를 낳아 주셨습니다. 내 존재가 어디로 좇아 되었습니까? 하늘에서 떨어졌습니까, 땅에서 올라왔습니까, 나무에서 내놓았습니까? 생각하십시오. 하나님과 부모로부터 세상에 왔습니다.

2. 나를 성육시켜 주신 은혜 생각하니 효도해야 합니다. 미

국 윌슨 대통령의 효성을 기억하십시오. 그는 대학을 졸업할 때 많은 상급을 받고 남루한 옷을 입고 숨은 어머니 앞에 찾아가 감사의 인사를 드렸습니다. 나를 낳은 분生我者도, 나를 가르친 분敎我者도, 나를 살리는 분活我者도 부모입니다. 부모의 은혜를 생각하십시오.

3. 부모애父母愛의 중심을 생각해 보니 애지중지愛之重之(매우 사랑하고 소중히 여김)입니다. 부모의 마음에는 자식밖에 없습니다. 일본의 대학생이 선생의 말을 듣고 여름 방학에 돌아와서 아버지의 발을 씻기자 아버지의 두 눈에서 눈물이 떨어졌습니다. 그때야 부모의 사랑을 깨달았습니다.

4. 나를 향해 축복해 주는 심경을 생각하십시오. 자기는 못되어도 자식은 잘되기를 축복합니다. 어머니를 고려장高麗葬[1]하러 가는 불효자에 대한 어머니의 사랑을 들어 보십시오.

5. 효자가 복 받고 불효자가 망한 것을 보십시오. 구약 시대에 불효자는 죽이라 했습니다. 진짜 효자, 가짜 효자가 있습니다. 부모에게 진심, 정성으로 효도하십시오. 효자는 효자

---

[1] 전에 늙고 쇠약한 사람을 구덩이 속에 산 채로 버려 두었다가 죽은 뒤에 장사 지냈다는 일.

를 낳습니다.

6. 후회 없기 위해 효도하십시오. 부모가 죽은 후에 후회한들 무슨 소용이 있습니까? 만약 죽은 부모가 살아온다면 어찌할까요? 살아 계시는 동안에 효도하십시오.

1946년 9월 15일 주일

국기 경배에 대하여

사도행전 14장 8-18절, 마태복음 24장 24절

두 사도 바나바와 바울이 듣고 옷을 찢고 무리 가운데 뛰어 들어가서 소리 질러 이르되
하나님이 지나간 세대에는 모든 민족으로 자기들의 길들을 가게 방임하셨으나
그러나 자기를 증언하지 아니하신 것이 아니니
곧 여러분에게 하늘로부터 비를 내리시며 결실기를 주시는 선한 일을 하사
음식과 기쁨으로 여러분의 마음에 만족하게 하셨느니라 하고
이렇게 말하여 겨우 무리를 말려 자기들에게 제사를 못하게 하니라(사도행전 14:14-18)
거짓 그리스도들과 거짓 선지자들이 일어나
큰 표적과 기사를 보여 할 수만 있으면 택하신 자들도 미혹하리라
(마태복음 24:24)

국기를 보고 경배하는 것은 나라를 망하게 하는 근본입니다. 국기에 경배하는 나라는 다 망합니다. 조선 교회 지도자들이여, 진정한 선지자의 책임을 다하십시오. 조선의 운명은 조선 교회에 있습니다. 하나님의 선지는 하나님의 묵시를 받아

나라의 흥망성쇠를 말했습니다. 하나님께서는 선지자에게 다 보여 주십니다. 오늘 교회 지도자의 책임은 중합니다.

듣고도 보고도 알고도 말하지 않는 지도자여, 당신의 죄는 더욱 중합니다. 나라를 사랑합니까? 국가의 흥망성쇠는 종교에 달려 있습니다. 종교가인 정치가들이여, 종교로써 국가를 지배하십시오. 국기 경배는 우상입니다. 예수의 사진에도 경배하지 않습니다.

우상인 줄 알고 섬기는 자가 있고, 우상인 줄 모르고 우상을 만드는 자가 있습니다. 성경에서는 사람을 보고도 절을 못하게 합니다. 조선의 삼강오륜三綱五倫[1] 중에 절節 세 가지가 있습니다. 즉 여자가 남편에게, 아들이 부모에게, 백성은 임금에게입니다. 그 외에는 없습니다. 답례할 줄 아는 자에게 합니다. 국기 경배는 우상입니다. 임금의 얼굴을 본 후에야 절해야 합니다.

불신자에게 국기는 기旗 행렬할 때, 만세 부를 때, 나라 경축일에 집집에 달아 주는 것입니다. 이것이 국기 자체입니다. 국기는 경배하기 위해 만든 것이 아닙니다. 국기에 대한 의무

---

[1] 유교 도덕의 기본이 되는 세 가지 강령과 사람이 행해야 할 다섯 가지 실천 덕목을 말한다. 삼강은 군위신강(君爲臣綱), 부위자강(父爲子綱), 부위부강(夫爲婦綱)으로 각각 임금과 신하, 어버이와 자식, 남편과 아내 사이에 지켜야 할 도리를 강조한 것이다. 오륜은 부자유친(父子有親), 군신유의(君臣有義), 부부유별(夫婦有別), 장유유서(長幼有序), 붕우유신(朋友有信)으로, 삼강과 더불어 기본적인 실천 윤리로 강조되었다.

는 이 세 가지입니다. 국기의 원리가 지나치면 나라가 망합니다. 조선의 태극기에는 우주가 들어 있습니다. 우주의 주인이 누구입니까? 주인을 경배하지 않고 주인이 만든 물건에 경배하니 죄입니다. 저도 태극기를 사랑합니다. 그러나 절은 아니 합니다.

1947년 11월 16일 주일

3장

권면과 소망

인생아, 누구를 따르려느냐

요한복음 6장 52-71절

> 예수께서 이르시되 내가 진실로 진실로 너희에게 이르노니
> 인자의 살을 먹지 아니하고 인자의 피를 마시지 아니하면 너희 속에 생명이 없느니라.
> 내 살을 먹고 내 피를 마시는 자는 영생을 가졌고 마지막 날에 내가 그를 다시 살리리니
> 내 살은 참된 양식이요 내 피는 참된 음료로다 (요한복음 6:53-55)

"인생아, 너희는 내 살을 먹고 내 피를 마시라. 나를 잡아먹으라" 하신 예수님의 말씀처럼 예수를 먹어야 삽니다. 열두 제자더러 "너희도 가고자 하느냐? 너희도 가리라" 할 때 베드로가 "아니 가겠다"고 했습니다. 5,000명의 무리가 무엇을 찾았습니까? 기독자여, 무엇을 찾습니까? 인생이여, 무엇을 찾고 있습니까? 예수를 찾으십시오. 여기에 만족과 삶이 있습니다.

1. 황금을 따라갈 것입니까?

아무것도 없는 자라도 물질을 좋아하는 자이면 황금주의자입니다. 영적 인간이 황금으로 기뻐하겠습니까? 만악의 근본입니다. 황금을 좋아하는 자들이여, 생각하십시오. 이것이 만족과 위로를 주지 못합니다. 황금은 상전이 아니요, 사환입니다. "황금은 의혹의 사다리"라는 서양 격언이 있습니다.

2. 권세를 따라갈 것입니까?

꽃은 10일을 못 가고 권세는 10년을 못 갑니다. 권세를 얻으려는 인간들이여, 일본의 권세를 가진 만세일계[1]의 천황 폐하가 금일에 맥아더 대장 앞에 머리를 숙이지 않았습니까? 산을 뽑을 만큼 힘이 세고 세상을 덮을 만큼 기개가 웅대했던 항우項羽[2]도 역적에게 몰려서 자살하고 말았습니다. 나폴레옹도 육지에서 멀리 떨어진 외딴섬에 귀양객이 되었습니다.

인생이여, 무엇으로 의지하려고 합니까? 198장 찬송 "예수 의지 기쁨"[3] 밖에 없습니다. 히틀러 무솔리니 스탈린 기타 권세가를 따르겠습니까?

1947년 9월 21일 주일

---

1 일본 황실의 혈통이 한 번도 단절된 적 없이 2,000년 이상 이어져 왔다는 뜻으로 천황제 국가 이데올로기의 근간을 이루는 대표적 요소.
2 중국 진나라 말기의 무장.
3 《찬송가》(조선예수교장로회총회 종교교육부, 1949).

인생의 두 길

시편 1편

> 복 있는 사람은 악인들의 꾀를 따르지 아니하며
> 죄인들의 길에 서지 아니하며 오만한 자들의 자리에 앉지 아니하고
> 오직 여호와의 율법을 즐거워하여 그의 율법을 주야로 묵상하는도다.
> 그는 시냇가에 심은 나무가 철을 따라 열매를 맺으며
> 그 잎사귀가 마르지 아니함 같으니 그가 하는 모든 일이 다 형통하리로다.
> 악인들은 그렇지 아니함이여 오직 바람에 나는 겨와 같도다.
> 그러므로 악인들은 심판을 견디지 못하며 죄인들이 의인들의 모임에 들지 못하리로다.
> 무릇 의인들의 길은 여호와께서 인정하시나 악인들의 길은 망하리로다(시 1:1-6)

시편은 기독자의 기도요, 생활이요, 찬송입니다. 예배의 영감입니다. 시편의 3대 진리는 (1) 우주를 창조하신 하나님을 나타냈고 (2) 시편 중에 그리스도가 암암리에 드러나 있고 (3) 기독자의 생활 전부가 들어 있습니다. 시편의 가치는 우주의 신비를 명료하게 보이고 인생의 생활 전부를 보여 주시는 것입

니다. 의인과 악인은 가는 길과 일이 다릅니다. 결과도 다릅니다. 1-3절은 의인의 영속적 복락을, 4-6절은 악인의 빠른 멸망을 보여 줍니다.

1. 소극적이지 아니할 것

'복 있는 자'가 기쁘다는 말이 있습니다. 왜 기쁩니까? 신과 동거하고 하나님 안에 있는 자가 복 있는 자요, 기쁨을 누리는 자이기 때문입니다.

악인은 누구입니까? 불평, 불만자입니다. 하나님 없는 자, 하나님 밖에 있는 자입니다. 기쁨을 받는 그릇은 기쁜 마음입니다.

죄인은 누구입니까? 상식적으로 죄인은 반성과 회개할 줄 모르고 계속 죄짓는 자, 죄에 대해 통회하지 않는 자, 죄에 대한 감각이 없는 자입니다.

오만한 자는 누구입니까? 진리와 신령한 것을 냉소하고 반대하는 자, 남을 비방하거나 비난하는 자입니다. 하나님의 대적자입니다.

복 있는 자는 이러한 자로 더불어 예식에 참석하지 않는 자입니다. 그러므로 복 받은 자, 복 받을 자, 타락할 자의 계단도 됩니다. 죄인은 죽은 자입니다. 악한 자의 말을 듣지 마십시오. 악인을 좇지 마십시오. 악한 자로 더불어 죄를 범하지 마십시오.

2. 의인의 적극적 행동: 복 있는 자의 적극적 태도

(1) 여호와의 율법을 즐거워하며

이것은 위의 것이요, 장래의 것이요, 영적입니다. 여호와의 율법을 즐거이 묵상하십시오. 기독교는 위에서 내려온 계시의 종교입니다. 기독교는 육의 것이 아니요, 세상의 것이 아닙니다. 그러므로 여호와의 율법을 즐거워합니다. 기독자, 중생자, 영적 인간은 자발적으로 여호와의 율법을 주야로 즐거워하며 묵상합니다. 영으로 난 사람은 기도하지 않고는 못 삽니다. 여호와의 율법을 묵상하지 아니하고는 견디지 못하는 것입니다. 자발적인 것입니다.

(2) 주야로 묵상

묵상하고 묵상한 중에 나오는 의미입니다. 끊이지 아니하고 계속된다는 의미입니다. 일할 때나 쉴 때나 바쁠 때나 언제든지 아침부터 저녁까지 주야로 하십시오. 새김질하십시오. 묵상하십시오. 육인지 영인지 구별하십시오. 소화하고 묵상하십시오. 세상입니까, 천당입니까.

3. 복 있는 자의 결과

의인의 길은 돋는 햇살과 같습니다. 시냇가에 심은 나무와 같습니다. 왜 시냇가라고 했습니까? 유대 나라에서는 물이 제일 귀합니다. 시냇물이 귀합니다. 잎사귀가 무성하여 지나가는 자에게 더위를 피하게 하고 과실은 지나가는 자에게 시장을 면하게 합니다. 복 있는 자는 이런 일을 하는 자입니다.

형통은 활동적이요, 생산적입니다. 활동은 소극적인 일과 적극적인 일을 힘써 하는 자입니다. 1-2절의 악을 행치 아니하고 선과 의를 행하려고 힘쓰는 자는 형통합니다(신명기 28:1-6). 복 있는 자가 되기를 원하십니까? 하나님과 동거하십시오. 즐거워하며 묵상하십시오.

4절부터 6절은 행악자의 5대 비극입니다. "악인은 그렇지 아니하니", 이것은 1-3절에 포함되어 있는 복 있는 자와 같지 않습니다. 하나님 없이 하나님 밖에서 사는 자입니다. 복 있는 자는 정반대입니다.

첫 번째 비극은 복 있는 자와 같지 아니하고, 두 번째 비극은 바람에 날리는 겨와 같은 것입니다. 악인은 스스로 의로운 체하고, 유식한 체하고, 가치 있는 체하나 바람 앞에서는 다 날리고 맙니다. 세 번째 비극은 악인은 심판할 때 서지 못

함입니다.[1] 네 번째 비극은 죄인들은 의인의 회중에 들지 못한다는 것입니다. 유유상종하니 죄인이 의인의 회중에 들어가지 못합니다. 죄인과 의인은 구별됩니다. 다섯 번째 비극은 악한 자의 길은 망한다는 것입니다. 의인은 하나님께서 인정하십니다. 의를 행하지 못해 애쓰는 의인의 길을 여호와가 인정하십니다. 그러나 악인은 망합니다. 악인은 하나님과 절교합니다.

의인이여, 기독자여, 당신의 기도가 막히지 않게 하십시오. 하나님과 함께한다는 말은 죄를 멀리하고 하나님을 묵상하는 것입니다.

아담의 타락이 무엇입니까? 뱀과 함께한 것, 먹지 말라 한 나무 밑에 가까이 간 것입니다. 둘째 아담의 성공이 어디 있었습니까? 기도하고 하나님과 늘 교제하며 마귀를 멀리한 것입니다. 유필유방遊必有方[2] 하십시오.

주를 가까이한다는 것은 찬송가 '내 주를 가까이 하게 함은'처럼 고생입니다. 그러나 생명의 길 되나니 은혜입니다. 에녹은 300년 동행, 예수는 평생 하나님과 동행했습니다. 신

---

1 이 부분과 관련해 손양원 목사는 '요셉의 형편을 생각하라', '다니엘서 5장 벨사살의 저울'이라고 적어 두었는데 설교 때 예화로 사용한 것으로 보인다.
2 《논어》에 나오는 말로 먼 곳에 갈 때는 반드시 행방을 알려야 한다는 뜻이다. 자식은 부모가 살아 계실 때에는 멀리 떠나 있지 말아야 하고, 공부를 위해 멀리 떠나 있을지라도 반드시 일정한 곳에 머물러야 함을 이른다. 여기서는 하나님과 늘 교제하라는 뜻으로 쓰였다.

자는 하나님과 동행하는 자입니다. 기독자가 왜 타락합니까? 묵상하지 않는 데 있습니다. 기도와 성경을 못 먹어 죽는 것입니다.

1948년 1월 18일 주일

영혼의 피서지

요한계시록 22장 1-9절

여름철은 일 년 사계절 중 제일 중요한 절기입니다. 여름에 모든 동식물이 성장, 발달하여 가을에 가서는 수확해 가지고 겨울철, 봄철의 생활 재료를 준비하는 것입니다. 그러므로 여름이 아니면 가을에 가서 수확을 볼 수 없고, 여름이 아니면 겨울과 봄에 생활의 재료를 준비할 시기가 없습니다. 따라서 여름철은 우리 인생에 절대 필요한 절기입니다.

그러나 반면에 인생에게 고통을 주는 것도 많습니다. 농부는 농사에 괴로움이 많고, 재난의 괴로움이 많습니다. 각종 질병이 많고, 해충으로 농작물이 입는 피해가 많고, 바람으로 인한 재해가 많고, 수재가 많습니다.

그러므로 물질이나 시간이 있는 이는 공기와 산수와 수림樹林이 좋은 곳으로 피서 가는 일이 많습니다. 그러나 우리는 피서 갈 처지가 못 되니 오늘은 우리의 영혼이나 한번 피서지를 찾아가 봅시다. 그러면 우리 영혼의 피서지는 어디입니까?

1. 생명 강수가 풍성한 피서지

"그가 수정같이 맑은 생명수의 강을 내게 보이니 하나님과 및 어린 양의 보좌로부터 나와서"(요한계시록 22:1).

수정같이 맑은 생명 강수인데 발원지는 하나님과 어린 양의 보좌입니다. 세상의 생수는 부정해서 병균이 많고 발원지가 땅에서 나와 먹으면 병나는 수도 많고 또한 먹으면 갈증이 생기며 흡족하지도 못하고 먹을수록 노쇠하고 사망하나, 이 생명수는 먹으면 영혼이 소생하고 영혼이 성결해지고 영혼의 죄 병균을 씻고 항상 흡족하여 부족하지도 않고 목마른 자나 원하는 자는 다 값을 지불하지 않고 흡족히 먹을 수 있습니다. 마시는 자는 늙지도 않고 죽지도 않는 생명 강수가 풍성한 피서지입니다.

2. 생명 과수가 풍성한 피서지

"강 좌우에 생명나무가 있어 열두 가지 열매를 맺되 달마다 그 열매를 맺고 그 나무 잎사귀들은 만국을 치료하기 위하여 있더라"(요한계시록 22:2).

세상 과실은 수고한 결과로 먹고 대금이 있어 사 먹고 흡족하지 못하며 잘못 먹으면 복통이나 설사가 나기 쉽고 아무리 많이 먹어도 노쇠하고 사망하나, 이 생명나무는 풍성하여 사람들이 모두 먹어도 1년 한 차례뿐 아니요, 매일 한 차례씩 1종뿐 아니요, 12종으로 이 성의 피서지에 들어가는 사람은 값을 치르지 않고 흡족히 먹고 풍성한 안락을 누리면서 불로불사의 영생을 할 수 있습니다.

3. 저주가 없는 피서지

"다시 저주가 없으며 하나님과 그 어린 양의 보좌가 그 가운데에 있으리니 그의 종들이 그를 섬기며"(요한계시록 22:3).

세상은 저주받은 결과로 종교상으로 하나님을 배반하고 거짓된 신인 우상에게 종이 된 것이고, 도덕상으로 주색잡기 시기 경쟁 살해 등을 저지르며, 육신상으로 환란 질고 생로병사의 재앙과 화가 많습니다. 그러므로 눈물과 탄식과 고통과 후회와 걱정 등이 있으나 각종 병 치료에서 이 피서지에는 저주가 없으므로 안심과 희락 중에서 불로불사합니다.

4. 영광의 피서지

"다시 밤이 없겠고 등불과 햇빛이 쓸 데 없으니 이는 주 하나님이 그들에게 비치심이라. 그들이 세세토록 왕 노릇 하리로다"(요한계시록 22:5).

세상에는 낮이 가면 흑암이 오고, 낮이 와서 광명의 빛을 준다 할지라도 요즘 같은 폭염에는 오히려 어두운 야간만 못합니다. 세상에서는 빈부귀천貧富貴賤의 차별이 있어서 천한 사람은 그대로 천대를 받고 가난한 사람은 그대로 멸시를 받고 있어 억울한 일, 애매한 일이 많으나, 영광의 피서지는 하나님 영광의 광채가 미침으로 항상 낮이요, 또한 야간이 없고, 영광의 광선은 더운 것도 없고, 또한 그리스도로 더불어 왕자의 지위에 나갈 수 있습니다.

세상 영광은 얻는다 해도 진정한 유익이 못 되는 영광입니다. 열기 없는 광선과 같습니다. 야간에는 오로라 광선이 미치는데 어떤 데는 밝기도 어둡기도 하며 모양이 아름답지만 열기가 없어 인류에게 유익을 못 주는 것같이, 세상 영광은 인류에게 진정한 생명을 못 주는 영광입니다. 그러나 이 영광은 생명의 영광입니다.

이상의 피서지로 가야 할 것입니다. 생명 강수의 피서지, 생명 과수의 피서지, 저주가 없는 피서지, 영광의 피서지.

1930년 8월 8일, 1934년 8월 13일, 1949년 8월 10일[1]

---

[1] 설교 노트에 세 종류의 연월일이 동시에 적혀 있는데 이 설교를 각각 1930, 1934, 1949년 여름에 행한 것으로 보인다.

모든 사상을 사로잡아
그리스도께 복종케 하라

고린도후서 10장 1-6절

> 우리의 싸우는 무기는 육신에 속한 것이 아니요
> 오직 어떤 견고한 진도 무너뜨리는 하나님의 능력이라.
> 모든 이론을 무너뜨리며 하나님 아는 것을 대적하여 높아진 것을 다 무너뜨리고
> 모든 생각을 사로잡아 그리스도에게 복종하게 하니(고린도후서 10:4-5)

말세에 처한 모든 인간의 사상이 이렇게 복잡한 때가 없었습니다. 기독교는 무엇입니까? 모든 사람의 사상을 사로잡아 하나 되게 하는 것, 그리스도께 복종하게 하는 것입니다. 애합일체愛合一體, 사랑으로 한 몸을 이루게 하는 것입니다(요한복음 17장).

예수의 이적과 기사의 깊은 의미가 무엇일까요? 그리스도는 인간의 육의 세력과 마귀의 세력을 정복하고 우주 만유 자연계를 정복하는 능력을 보이십니다. 우주와 인간을 모두 거

느려 관할하십니다. 기독교는 이러합니다. 그리스도의 생명을 가진 기독자는 이러한 능력을 얻어야 할 것입니다.

조선 교회의 현상을 어떻게 보아야 합니까? 다음과 같이 세 가지로 보는 자가 있습니다. '죽었다, 병들었다, 괜찮다.' 이렇게 보는 자도 있습니다. '조선 교회는 병들었다, 잠들었다, 취하였다, 고쳐야 되겠다, 깨워야겠다, 성신에 취하게 하여야 하겠다.'

오늘 조선 교회의 현상은 어떠합니까? 율법 신앙으로 떨어진 자, 인본 중심 사상, 불교 사상과 인과보응, 신신학新神學, 유물주의 사상, 민족주의 사상이 팽배합니다. 조선 교회를 재건하려면 먼저 파괴해야 합니다. 회개하고 중생해야 합니다.

나는 어떠한 사상을 가지고 있는지 살펴서 이 모든 사상을 파괴하고 새사람, 새 사상을 가지고 나아가십시오. 새 술은 새 부대에 넣으십시오. 새 옷은 새 옷감으로 기우십시오. 새 술을 헌 부대에 넣지 마십시오. 율법, 사상들을 다 버리고 오직 그리스도의 정신으로 출발하십시오, 그릇된 율법주의자가 예수를 죽였습니다. 그릇된 애국자가 일본을 망쳤습니다. 하나님 진리의 토대 위에 정당한 국민이 되십시오. 옛 사상을 버리고 그리스도 안에서 새 사상을 소유하십시오. 모든 사상과 주의를 다 버리고 그리스도께 복종하십시오.

기독교는 서양의 물질 사상과 동양의 인본 사상을 다 버리고 그리스도의 뜻에 복종하는 사상입니다. 기독교는 인과보응의 사상도 아니요, 인본주의 사상도 아니요, 오직 신본주의입니다. 하나님의 뜻만 생각하고 십자가에 대해 어그러진 생각을 버리십시오. 기독교는 다른 교파, 다른 사상과 합할 수 없습니다.

세상의 다른 종교와 모든 주의, 사상은 자기의 의를 자랑하고 자기의 의를 믿습니다. 그러나 기독교는 내 의가 아니요, 오직 그리스도의 의, 십자가의 의와 사랑입니다. 내게는 이것밖에 없습니다. 기독교는 혼합할 수 없습니다. 선입과 주관을 뽑아 버리십시오. 다른 사상이 내 마음에 있으면 그리스도가 내 마음에 들어오실 수 없습니다. 오직 그리스도의 십자가만 의지하십시오.

그리스도에게 복종시켜 새로 창조하는 것이 기독교입니다. 기독교는 부흥의 종교가 아니요, 부활의 종교입니다. 병든 것을 고치는 종교가 아니요, 죽음에서 생명으로의 종교입니다. 먹는 날에 죽으리라 하였으니 기독교는 죽음에서 부활로의 종교입니다. 과거 일본의 신자는 하나님과 우상을 혼동하여 섬겼습니다. 그래서 망했습니다.

현대의 율법주의자와 민족주의자의 사상은 틀렸습니다.

이단은 무엇입니까? 성경을 잘 압니다. 십자가의 진리에서 조금만 달리하면 이단입니다. 로마교, 침례교, 안식교가 왜 이단입니까? 성경 66권을 다 보지 않고 한 편만 보기 때문에 이단이 됩니다. 십자가만 붙드십시오. 이단자는 설교를 더 잘 합니다.

우리 조선 나라는 하나님이 보호하사 잘됩니다. 조선 나라 국기는 태극기입니다. 태극은 음양입니다(창세기 1:1). 조선 나라는 하나님을 떠날 수 없습니다. 율법주의자와 민족주의자가 하나님과 대립하려는 것이 오늘의 현상입니다. 앞으로 조선 교회 안에는 신신학파新神學派가, 밖으로는 공산주의자가 있습니다(고린도후서 10:4-5, 로마서 9장). 이 무서운 적이 웅크리고 있습니다.

깨어나십시오. 기도하십시오. 이기십시오. 순전한 기독자가 되십시오. 율법주의, 인본주의, 인과 사상, 민족 사상, 신신학, 유물주의를 다 버리십시오. 이 모든 사상을 다 사로잡으십시오. 사로잡는다는 것은 원자폭탄과 같습니다. 이 모든 사상을 십자가로 사로잡으십시오. 율법 속에는 도덕법, 국법, 종교법이 있지만 십자가로 율법을 완성했으니 십자가 아래만 복종하십시오.

1947년 5월 25일 주일

기독자의 3대 의무 중에 바치는 생활[1]

로마서 12장 1-21절

> 그러므로 형제들아 내가 하나님의 모든 자비하심으로 너희를 권하노니
> 너희 몸을 하나님이 기뻐하시는 거룩한 산 제물로 드리라
> 이는 너희가 드릴 영적 예배니라(로마서 12:1)

1. 시간을 바칩시다. 청년이여, 시간을 바치십시오.

새벽 시간을 바칩시다. 제일 귀한 시간인 동시에 바치기 어려운 시간이기 때문입니다. 고요한 새벽에 주님을 만나 보십시오. 막달라 마리아는 미명未明에 예수를 찾아갔습니다.

오늘을 바칩시다. 오늘 할 일을 다 하십시오. 내일에 속지 마십시오. 오늘의 책임과 의무를 하십시오.

---

[1] '면려 청년회 창립 헌신예배'에서 한 설교이다. '면려 청년회'는 기독교인으로 생활하며 교인들의 친목을 도모하고 하나님의 사업에 협력하기 위한 청년 조직을 말한다.

주님께 요긴한 시간을 바칩시다. 기회를 잃지 말고 붙드십시오. 선을 행할 기회입니다.

2\. 몸을 바칩시다.

예수께서는 씩씩한 피가 끓는 33세 청년의 몸을 드리셨습니다. 혈기와 부정한 몸을 바치고 새 몸을 받읍시다. 몸을 바칠 때 새것이 옵니다. 주님 앞에 몸을 바칠 때 몸을 아끼지 마십시오. 주님을 위해 일하려 할 때 몸을 아끼지 마십시오. 기도할 때, 성경 볼 때 몸을 드리십시오.

3\. 마음을 드립시다.

육체는 형식으로 드릴 수 있으나 마음은 형식으로 못 드립니다. 자기의 주의와 사상을 다 바칩시다. 내 전부를 바칩시다.

이 세대를 본받지 마십시오. 세상에 속화되지 마십시오. 우리 면려회 청년들은 이 세상과 절연된 청년입니다. 세상과 구미를 맞추지 마십시오. 다른 단체의 청년도 본받지 마십시오. 오직 우리 청년의 본은 신앙의 본입니다. 순복음적 청년 면려회가 되십시오. 복음에 맞는 청년이 되십시오.

애합결체愛合結體, 사랑으로 하나 되어 단단히 묶인 단체가 됩시다. 옥스포드 그룹[2]은 (1) 절대 사랑 (2) 절대 무사無私(아무 것도 비교할 수 없을 정도로 공정함) (3) 절대 순결 (4) 절대 정직의 4대 절대 목표가 있었습니다. 우리도 목적을 같이합시다. 마음을 같이합시다. 하나님도 예수도 성신도 모두 일체됩시다. 그리고 감사 보은의 생활 정신을 가집시다. 일하는 사람 중에 하나는 삯꾼, 하나는 사랑으로 와서 일해 주는 사람입니다. 면려 청년들은 이상 4대 정신을 가지십시오.

1947년 7월 6일 주일

---

[2] 옥스포드 그룹 운동(Oxford Group Movement)은 영국 옥스포드 대학교 교목으로 재직한 프랭크 북맨(Frank ND Buchman) 박사가 1938년에 창시했다. 인종 민족 종교 계급 정파를 초월해 절대 정직, 절대 순결, 절대 무사, 절대 사랑의 4대 덕목을 실천함으로 세계 평화에 이바지하고 새 세계를 창조하기 위한 인간 개조 운동이다.

성신을 왜 못 받느냐

사도행전 8장 14-24절, 로마서 6장 1-14절

> 내가 복음을 부끄러워하지 아니하노니
> 이 복음은 모든 믿는 자에게 구원을 주시는 하나님의 능력이 됨이라.
> 먼저는 유대인에게요 그리고 헬라인에게로다(로마서 1:16)

성신을 못 받는 3대 계단

1. 하나님 앞에서 마음이 바르지 못하니 받지 못합니다.

"하나님 앞에서 네 마음이 바르지 못하니 이 도에는 네가 관계도 없고 분깃 될 것도 없느니라"(사도행전 8:21).

하나님과 우리 마음의 관계는 어떠합니까? 마음은 하나님과 연락하고 교통합니다. 성신은 마음에 받습니다. 그러므로 먼저 마음을 준비해야 합니다. 마태복음 5장 3절을 보면 천국의 복은 마음에 받는다고 했습니다. 기독교는 유심론입니다. 선도에서도 물건이 귀한 것이 아니라 마음이 귀하다 했습니다. 유교도 수신제가치국평천하修身齊家治國平天下[1]라 했습니다. 기독교도 마음이 우선입니다.

마음을 바르게 하십시오. 물을 받으려면 그릇을 바로 놓아야 합니다. 마음을 바로 놓을 때 은혜를 받습니다. 기독교의 정심正心(마음을 올바르게 가짐)은 마음을 하나님께로 향하는 것입니다.

2. 회개하지 못하고 기도하지 않기 때문에 받지 못합니다.
"그러므로 너의 이 악함을 회개하고 주께 기도하라. 혹 마음에 품은 것을 사하여 주시리라"(사도행전 8:22).

눈물의 회개, 눈물의 기도 없이는 성신을 못 받습니다. 애통하는 자는 복이 있나니 자기 죄와 남의 죄를 위해 눈물의 기도를 하십시오. 눈물이 나지 않는 것은 회개하지 않은 까닭입니다. 죄를 회개하지 않는 것이 죄입니다. 여러분은 무엇을 하러 왔습니까?

성신을 받으려 하십니까? 베드로가 설교할 때, 세례 요한은 물론 예수께서 전도를 시작할 때에도 성신 세례를 받으셨습니다. 사도 요한이 계시록에서 일곱 교회에 회개를 재촉했

---

[1] 《대학大學》에 나오는 말로 "심신(心身)을 닦고 집안을 정제(整齊)한 다음에 나라를 다스리고 천하를 평정한다"는 뜻.

습니다. 회개하고 기도하십시오. 회개는 할수록 더 회개하게 되고, 기도는 기도하는 자가 더 하게 됩니다. 은혜를 받는 자가 되십시오.

3. 악독이 가득함으로 받지 못합니다.

"내가 보니 너는 악독이 가득하며 불의에 매인 바 되었도다"(사도행전 8:23).

그릇에 다른 물건이 차 있으면 받을 것을 못 받습니다. 시몬은 악독이 가득하여 불의에 매였으니 도저히 받을 수 없었습니다. 천성은 하나님밖에는 고칠 수가 없습니다. 숯덩이는 불에 들어가야 그 모양이 변합니다. 사람은 회개함으로 성신의 불 속에 들어가 새사람이 됩니다. 예수께서 육체로 계실 때에는 육체의 병을 치료하고 이적을 행하셨고, 신으로 계시는 지금은 사람의 심령에서 이적을 행하십니다.

세 번째 단계에서 시몬이 성신을 못 받은 이유
1. 돈 주고 성신을 사려 했기 때문에 못 받았습니다.

기독교는 은혜의 종교입니다. 세상의 종교가 아닙니다. "구하라, 문을 두드리라"는 대가(代價)가 아닙니다. 은혜를 귀중히 여기기 위해서입니다. 자기가 구할 때 은혜로 주십니다. 수고해서 은혜를 받을 때 더욱 감사합니다. 하나님께서는 구하는 자에게 주십니다. 대가를 받고 주시는 하나님이 아닙니다.

구약의 게하시가 왜 문둥병에 걸렸습니까? 은혜로 병을 고쳐 주었는데 자기가 은혜의 값을 받으려고 했기 때문입니다. 하나님께서 값을 받고 인간에게 주신 것이 무엇이 있겠습니까? 하나님께서 값을 받는다면 인간은 살 수 없습니다. 다 은혜로 주셨습니다. 제 공로를 의지하는 자, 교만한 자는 못 받습니다. 나에게는 예수밖에 없습니다. 예수만 바라보는 마음이 가난한 마음입니다.

2. 자기 이익을 위했기 때문에 못 받습니다.

성신 받으려는 목적이 잘못되어서 못 받습니다. 성신을 이용물로 삼아 받으려 하는 자가 있습니다. 현대 기독교를 이용물로 삼는 자가 있습니다. 오기로 성신을 받으려는 자가 있습니다. 이러한 자는 화를 받습니다. 사람이 불을 이용하면 좋지만, 불이 사람을 이용하면 화를 당합니다. 성신을 받는 동기와 목적이 거룩해야 합니다. 성신 받기 위해 기도하는 자가 잘못에 기울어지기 쉽고 이용물로 삼기 쉬운데, 그것은 목적이 틀렸기 때문입니다. 구약에는 중보 되기 위해 제사장이나 선지자에게 성신을 주셨습니다. 신약에는 중보가 없습니다.

신약에 성신을 받는 것은 하나님의 자녀가 되기 위해 받는 것인데(로마서 1:16), 예수의 생명을 받는 것은 내부적 능력이고 하나님의 일을 하기 위해 받는 것(사도행전 1:8)이 외부적 능력입니다. 성신의 폭탄은 내부에서 외부로 폭발합니다.

3. 자기의 옛 습관, 거짓 종교를 버리지 않기 때문에 성신을 받지 못했습니다.

호기심으로 받으려고 했습니다. 목적이 틀렸습니다. 하나님 영광을 위해 받아야 합니다. 예수가 같이 살게 하십시오.

1947년 12월 7일, 14일 주일

세상에는 왜 기쁨이 없느냐?

로마서 3장 9-18절, 디모데전서 6장 7-10절

> 기록된 바 의인은 없나니 하나도 없으며
> 깨닫는 자도 없고 하나님을 찾는 자도 없고
> 다 치우쳐 함께 무익하게 되고
> 선을 행하는 자는 없나니 하나도 없도다(로마서 3:10-12)
> 돈을 사랑함이 일만 악의 뿌리가 되나니
> 이것을 탐내는 자들은 미혹을 받아 믿음에서 떠나
> 많은 근심으로써 자기를 찔렀도다(디모데전서 6:10)

죄 아래 있기 때문입니다. 하나님의 진노 아래 있기 때문입니다. 가정에서 아버지가 성을 내면 가정에는 기쁨이 없습니다. 무거운 짐 진 자에게는 평안이 없습니다. 병중에 있는 자에게는 기쁨이 없습니다. 죄 아래, 저주 아래, 진노 아래 있는 자에게 무슨 기쁨이 있겠습니까?

일본에서 근심에 싸인 50세 노파 중이 기묘한 대사를 찾아

가서 근심 걱정 없이 사는 이치를 물으니, 대사가 가만히 생각하더니 "일본 천지에서 근심 걱정 없는 가정 셋을 찾아 좁쌀 3홉을 구해 오면 가르쳐 주겠다"고 했습니다. 그래서 첫 번째, 음악가의 가정을 찾아갔습니다. 부인은 남편이 자기를 사랑하지 않는다고 눈물 흘렸습니다. 두 번째 가정은 내외가 산보하고 돌아오는 모습을 보고 찾아갔더니 자식이 없다고 했습니다. 세 번째는 자녀가 많은 가정을 찾아가니 먹을 것이 없다고 했습니다. 노파는 그대로 대사에게로 돌아갔습니다. 대사는 "단념하라" 했습니다.

인간에게 참 기쁨이 어디 있습니까? 죄를 회개함에 있습니다. 마태복음 11장 28절에서 예수님은 "수고하고 무거운 짐 진 자들아, 다 내게로 오라. 내가 너희를 쉬게 하리라" 하셨습니다.

어린아이가 전신에 똥을 묻히고 있을 때는 아버지가 안을 수 없습니다. 깨끗이 씻은 후에 안을 수 있습니다. 우리의 죄 문제를 해결한 후에야 하나님이 우리를 안을 수 있습니다. 우리가 안길 수 있습니다. 인간에게는 죄의 문제를 해결해야 기쁨이 있습니다.

"먹는 날에는 반드시 죽으리라." 그러나 누구든지 믿으면 구원을 얻습니다. 첫째 아담이 범죄함으로 온 인간이 죄 아래 있습니다. 그러나 누구든지 믿으면 구원을 얻습니다. 믿지 않는 것은 큰 죄입니다.

1947년 9월 4일 수요일

바벨탑을 무너뜨리신 하나님

창세기 11장

> 여호와께서 거기서 그들을 온 지면에 흩으셨으므로
> 그들이 그 도시를 건설하기를 그쳤더라.
> 그러므로 그 이름을 바벨이라 하니
> 이는 여호와께서 거기서 온 땅의 언어를 혼잡하게 하셨음이니라.
> 여호와께서 거기서 그들을 온 지면에 흩으셨더라(창세기 11:8-9)

홍수 이후 100년경이었습니다. 바벨은 '혼란'의 뜻으로 바벨탑은 세계 3대 건물 중 하나입니다. 중국의 만리장성, 애굽 나일강 건너 지하 왕궁이 3대 건물입니다. 바벨탑은 7층 2100 규빗[1]으로 상층은 달의 신, 하층은 땅의 신이라 알려져 있습니다.

바벨탑을 깨뜨리신 네 가지 이유가 있습니다. 우주를 깨뜨

---

[1] 바벨탑의 높이에 대해서는 성경에 구체적인 언급이 없기 때문에 지금까지 의견이 분분하다. 본문에서 손양원 목사는 2100규빗이라고 적었는데 이는 약 945미터에 해당한다.

리실 능력이 있으신 하나님께서는 자기의 뜻을 어긴 바벨탑을 무너뜨리셨습니다.

1. 불신의 탑이기 때문에 무너뜨리심

높은 탑을 세워 놓으면 홍수가 나도 구원을 얻으리라 생각했습니다. 하나님께서 홍수로 세상을 멸망치 않겠다고 하셨는데 그 언약을 불신하고 탑을 쌓았습니다. 그러므로 하나님께서는 불신의 탑을 무너뜨리시고 말았습니다. 왜 모세가 반석을 두 번이나 쳤습니까? 불신과 의심을 깨뜨리십시오. 탑 꼭대기에는 하나님의 손이 닿지 않겠습니까? "내가 주의 영을 떠나 어디로 가며 주의 앞에서 어디로 피하리이까. 내가 하늘에 올라갈지라도 거기 계시며 스올에 내 자리를 펼지라도 거기 계시니이다"(시편 139:7-8).

2. 명예의 탑이기 때문에 무너뜨리심

하나님을 영화롭게 할 목적이 아니고 자기의 명예를 위한 것이었습니다. 인간은 명예의 탑을 쌓습니다. 기독자여, 명예의 바벨탑을 깨뜨리십시오.

3. 사람의 계획을 깨뜨리심

바벨탑은 흩어지지 말고 모여 살자는 뜻이었습니다. 인간들은 '대동단결大同團結하자, 일의일심 一意一心(한 뜻과 한 마음) 하자' 했지만 다 깨뜨리셨습니다.

신의 의지와 인간의 의지가 합하지 못하고 사람의 뜻뿐이면 무너집니다. 가톨릭은 대동단결의 뜻, 프로테스탄트는 반항한다는 뜻입니다. 루터는 개인이었지만 인의人意에 반항했습니다. 인류 역사를 거울로 보십시오. 사람의 계획은 다 깨지고 말았습니다. 자기의 뜻을 세우려는 기독자여, 반성하십시오. 신의 뜻을 어그러뜨리는 단체와 기관은 무너지고 맙니다. 좌우전후를 살피십시오. 자기를 살피십시오(요한복음 19:10-11).

4. 자신의 힘으로 구원을 얻으려는 탑이기 때문에

인간은 자기의 힘으로 구원을 얻으려고 합니다. 수양의 노력으로, 자기의 지혜와 용기와 덕으로, 자기의 의로, 율법적 지식으로, 이렇게 자력으로 구원을 얻으려고 합니다. 이 모든 것은 하나님의 뜻에서 무너지고 맙니다.

인간이 하나님의 뜻에 충돌하려다가 망하는 것은 역사적 사실입니다. 하나님과 같이 되려 했던 아담을 보십시오. 하나님의 뜻에 복종하던 에녹과 엘리야는 승천했습니다. 옛이야기에 바벨탑은 큰바람으로 무너졌다고 합니다. 인간이 자기 뜻으로 하나님의 뜻에 충돌하려다가는 대풍이 일어납니다. 깨어집니다.

진리의 탑을 세우십시오. 진리는 하나님의 뜻입니다. 바벨탑이 무너진 후에 신앙의 세계, 아브라함의 세계가 나타납니다. 인간의 탑이 무너진 후에야 하나님의 진리의 탑이 설 수 있습니다. 아브라함의 자손이 가는 곳마다 반드시 세 가지를 했습니다. 제단을 쌓고 우물을 파고 장막을 세웠습니다. 제단은 기도, 샘물은 생명수, 장막은 세상의 나그네라는 것입니다. 샘물은 또한 하나님 말씀입니다. 믿음의 탑, 소망의 탑, 사랑의 탑, 영원한 탑, 진리의 탑을 세우십시오.

1948년 1월 25일 주일

안약을 사서 발라 보게 하라

요한복음 9장 1-8절, 39-41절, 요한계시록 3장 18-19절

> 내가 너를 권하노니 내게서 불로 연단한 금을 사서 부요하게 하고
> 흰 옷을 사서 입어 벌거벗은 수치를 보이지 않게 하고
> 안약을 사서 눈에 발라 보게 하라. 무릇 내가 사랑하는 자를 책망하여 징계하노니
> 그러므로 네가 열심을 내라 회개하라(요한계시록 3:18-19)

안약은 성신입니다. 성신이 아니면 심령의 눈을 못 뜹니다. 나면서 소경인 자의 눈을 뜨게 한 이는 예수밖에 없고, 심령의 눈을 뜨게 한 이는 성신밖에 없습니다. 무엇을 볼 것입니까?

1. 구원의 도리를 볼 것입니다

심령의 눈을 뜬 자는 인간의 참 구주를 볼 수 있습니다. 조선에는 37개 교파가 있습니다. 심령의 눈을 뜨지 못한 자는 참 구주를 보지 못합니다.

2. 소망의 눈을 뜨게 합니다.
영원한 소망을 가지십시오.

3. 영적 진리를 깨닫는 눈

사물의 진리, 성경의 진리를 깨닫게 됩니다. "너희로 지극히 선한 것을 분별하며 또 진실하여 허물없이 그리스도의 날까지 이르고"(빌립보서 1:10).

4. 자기를 보는 눈

소크라테스는 "너를 먼저 알라"고 했습니다. 자기의 과거 현재 미래를 보는 눈이라야 합니다. 자기를 못 보는 자, 자기를 해결하지 못한 자가 어찌 다른 사람을 볼 수 있겠습니까? 내 눈이 밝을 때는 우주가 내 것입니다. 하지만 내 눈이 어두우면 다른 것을 볼 수 없습니다.

"예수께서 이르시되 내가 심판하러 이 세상에 왔으니 보지 못하는 자들은 보게 하고 보는 자들은 맹인이 되게 하려 함이라 하시니, 바리새인 중에 예수와 함께 있던 자들이 이 말씀을 듣고 이르되 우리도 맹인인가. 예수께서 이르시되 너희가 맹인이 되었더라면 죄가 없으려니와 본다고 하니 너희 죄가 그대로 있느니라"(요한복음 9:39-41).

5. 주님의 세계를 보는 눈이라야 합니다

예수님께서 보시는 눈은 어떠한 눈이었습니까? 주님께서 보시는 세계를 봅시다. 주님의 아름다운 세계를 봅시다.

연대 미상

책망과 징계

> 무릇 내가 사랑하는 자를 책망하여 징계하노니
> 그러므로 네가 열심을 내라 회개하라 (요한계시록 3:19)

하나님은 사랑이시니 좋은 아들을 얻기 위해 징계하십니다. "내 아들아 주의 징계하심을 경히 여기지 말며 그에게 꾸지람을 받을 때에 낙심하지 말라. 주께서 그 사랑하시는 자를 징계하시고 그가 받아들이시는 아들마다 채찍질하심이라. 무릇 징계가 당시에는 즐거워 보이지 않고 슬퍼 보이나 후에 그로 말미암아 연단 받은 자들은 의와 평강의 열매를 맺느니라"(히브리서 12:5-6, 11). 내가 범죄할 때 고통이 없는 것은 제일 두려운 것입니다. 하나님이 나를 버린 것이기 때문입니다. 잠깐의 고통을 견디지 못한다면 영원한 고통을 어찌 견디겠습니까? 사랑하는 자는 반드시 징계하십니다.

세상 사람은 죄를 짓고도 평안한데 왜 내게는 고통이 있습니까? 세상에 창기나 강도가 왜 잘되고 살찔까요? 세상에 죄인이면서 의인인 체하는 자를 위해 지옥을 예비하셨습니다. 회개를 촉진하시는 주는, 사람은 사랑하나 죄는 미워하십니다.

죄를 미워하는 것이 하나님을 사랑하는 증거입니다. 하나님을 사랑하니 죄를 사랑할 수 없습니다. 반드시 죄를 미워하십시오. 죄를 멀리하십시오. 하나님을 사랑하십시오. 열심을 내어 회개하십시오. 뜨거운 회개, 철저히 하십시오. 아버지와 나 사이에 가리는 것 없도록 철저한 회개, 성장과 전진, 예수님의 사랑에 동감하십시오.

예수님의 뜨거운 사랑에 부딪치십시오. 여기에서 회개가 일어납니다. 회개할 때 죄를 보게 되면 예수님의 십자가를 보십시오. 여기서 해결됩니다. 징계가 올 때 예수를 보십시오.

1947년 3월 23일 주일

국가 행복에 대하여

이사야 46장

> 마음이 완악하여 공의에서 멀리 떠난 너희여 내게 들으라.
> 내가 나의 공의를 가깝게 할 것인즉 그것이 멀지 아니하나니
> 나의 구원이 지체하지 아니할 것이라.
> 내가 나의 영광인 이스라엘을 위하여 구원을 시온에 베풀리라(이사야 46:12-13)

신령적 국가나 육적인 국가나 행복의 원리는 일반이라고 생각합니다. 그러면 국가 행복의 원리는 무엇입니까? 특별 비상시기에 처한 우리는 더욱 생각할 필요가 있습니다.

1. 국체 단결에 있습니다

마태복음 12장에서 예수께서 "나라가 스스로 분쟁하면 서지 못하고 집이 스스로 분쟁하면 서지 못한다"고 말씀하심은

국가나 가정을 막론하고 분쟁하면 서지 못하고, 단결되면 유지한다는 의미입니다. 그러므로 국체 단결은 국가 행복에 있어 가장 급선무로 알아야 할 것입니다.

국체라고 하면 국가는 한 몸과 같다는 의미입니다. 가령 한 몸에 오장육부五臟六腑와 사지백체四肢百體(팔다리와 몸의 온갖 곳, 즉 온몸)가 있어 각기 책임을 다함으로 일신을 보존하고 일신의 행복을 누리는 것처럼 한 국가도 그러합니다. 그러므로 비상시국을 당한 이때 더욱 단결해야 하겠습니다.

2. 국민의 충심에 있습니다

요한계시록 2장 10절에 "네가 죽도록 충성하라. 그리하면 생명의 면류관을 얻으리라"고 했습니다. 천국을 위해 충성을 다하는 자가 생명의 면류관을 얻는다면 세상 국가를 위해 충성을 다하는 자는 역시 국가의 면류관이요, 국가의 행복이 될 것입니다.

실례를 들면, 1894년 7월에서 1895년 4월까지 청일전쟁[1] 시에 일본 국민 중 충성을 다하는 이가 있어 많은 희생이 있었지만 일본이 승리했으며, 1904년 2월에서 1905년 9월까지

---

[1] 1894년 조선의 동학농민운동에 출병하는 문제로 일어난 청과 일본과의 전쟁이다. 일본이 승리하여 시모노세키 조약을 맺었다.

러일전쟁[2] 시에도 뤼순旅順에서 일본 대장의 지도로 많은 희생이 있었지만, 일본이 승리하며 일본은 세계에 태양같이 빛나고 세계에서 영광의 지위를 점령하여 열강 중에 몇째 지위를 차지했습니다. 오늘날까지 국가 행복을 누려 오는 중 1931년에 만주사변[3]이 일어났으나 이번에도 충심을 다하는 국민이 있다면 중국 4억만이라도 두렵지 않겠고 국가 행복도 계속될 줄로 생각됩니다.

3. 하나님을 경외하는 데 있습니다

시편 33편 12절에서 "여호와를 저희 하나님으로 삼는 나라가 복이 있다"고 했습니다. 그러므로 세상 국가에서 하나님을 경외하는 자가 많으면 국가에 큰 행복이 있습니다.

일본 기독교사를 보면 선교 근 80년에 신자 30만은 인구 6,450만 명에 비하면 214인 중 신자 1인으로 수는 비록 적으나 독실한 신자가 많고 세계적으로 위대한 신앙가가 많은 까닭에 그들의 신앙, 그들의 기도, 그들의 전도로 일본 국가는

---

[2] 한반도와 만주에 대한 지배권을 둘러싸고 1904년 러시아와 일본 사이에 일어난 전쟁이다. 일본이 승리하여 포츠머스에서 강화 조약을 체결하였는데, 그 결과 일본은 우리나라에 대한 지배권을 묵인받고, 랴오둥(遼東) 반도를 차지하여 대륙 침략의 발판을 마련했다.

[3] 1931년 일본이 만주 철도 폭파 사건을 조작하여 일으킨 만주 침략 전쟁이다. 일본의 관동군(關東軍)은 동베이(東北) 삼성(三省)을 점령하고 이듬해 만주국을 세웠는데 이것은 그 뒤 중일전쟁의 발단이 되었다.

행복스럽게 된 줄로 생각합니다. 가령 예를 들면 우치무라 간조內村鑑三[4], 가가와 도요히코賀川豊彦[5], 야마무로 군페이山室軍平[6] 등이 있습니다. 그러므로 국가 행복을 위한다면 이상의 3개 조를 힘써야 할 것입니다.

1937년 8월 11일 수요일

---

[4] 일본의 기독교 사상가이자 비평가로 근대 일본의 작가와 지식인들에게 큰 영향을 미쳤다. 기존 교회의 제도와 교리적 모순을 비판하며 무교회주의를 주창했는데 이는 당시 일본에서 유학하던 김교신, 함석헌 등에게 영향을 주어 한국의 무교회주의 운동으로 이어졌다.
[5] 일본의 기독교 사회 운동가. 일본의 노동운동, 농민운동, 무산정당 운동, 생활협동조합 운동 등을 이끌었으며 기독교의 박애정신을 충실히 실천하여 '빈민가의 성자'로 불렸다.
[6] 일본 구세군에서 일본인 최초의 구세군 사관이 된 인물이다.

평화의 국가 왕국을 희망하자

이사야 11장 1-10절

> 내 거룩한 산 모든 곳에서 해 됨도 없고 상함도 없을 것이니
> 이는 물이 바다를 덮음 같이 여호와를 아는 지식이
> 세상에 충만할 것임이니라(이사야 11:9)

본문에 있는 이 평화의 국가는 주전 700여 년 전 이사야 선지자가 내세에 평화의 국가가 올 것을 예언한 것인데, 전 세계 국가에 본보기로 보여 주신 것입니다. 세상이나 국가를 막론하고 평화를 원하는 것은 일반인 줄로 생각합니다. 그러므로 국가마다 이 평화를 위해 정치를 잘해서 국가의 평화와 행복을 누리도록 노력하는 바입니다. 그러나 참 평화의 국가가 되는 방법은 이 본문에 있습니다.

1. 공의를 좇는 국가입니다

본문 4절에 보면 공의를 좇는 국가는 자연히 평화를 이루어 갑니다. "공의로 가난한 자를 심판하며 정직으로 세상의 겸손한 자를 판단할 것이며 그의 입의 막대기로 세상을 치며 그의 입술의 기운으로 악인을 죽일 것이며"(이사야 11:4).

그러면 공의는 무엇입니까? 공의는 선악을 정직하게 판단하는 것입니다. 그리하여 선악대로 보응하는 것입니다. 그러므로 성경에 공의는 나라를 흥하게 하고 죄는 패망케 하는 것이라고 했습니다. 일본 국가도 메이지明治 이후 정치에 공의를 좇아 힘씀으로 국가가 흥왕한 줄로 생각합니다.

2. 전쟁이 없는 국가입니다

본문 9절에 보면 "나의 거룩한 산 모든 곳에서 해 됨도 없고 상함도 없으리라" 하였고, 이사야 2장 4절에는 "저가 칼을 쳐서 보습을 만들고 창을 쳐서 낫을 만들고 이 나라와 저 나라가 다시는 칼을 들고 서로 치지 아니하며 다시는 전쟁을 연습하지 아니한다"고 하셨습니다. 다시는 전쟁할 일이 없어서 모든 무기를 다 농기구로 만들게 됩니다. 이는 평화의 국가가 된다는 말입니다. 그렇게 되면 국가끼리 전쟁이 없어질 뿐 아니라 모든 동물계에도 피차 살해함이 없겠다는 것입니다. "그

때에 이리가 어린 양과 함께 살며 표범이 어린 염소와 함께 누우며 송아지와 어린 사자와 살진 짐승이 함께 있어 어린 아이에게 끌리며 암소와 곰이 함께 먹으며 그것들의 새끼가 함께 엎드리며 사자가 소처럼 풀을 먹을 것이며 젖 먹는 아이가 독사의 구멍에서 장난하며 젖 뗀 어린 아이가 독사의 굴에 손을 넣을 것이라"(이사야 11:6-8).

어떤 동물원에서 7세부터 사자에게 밥 주는 아이가 있어 사자와 정이 들어 사자의 입에 주먹을 넣기도 하고 사자와 씨름도 하고 사자를 타기도 했습니다. 그러므로 사랑과 자비로 온 세상을 만들어, 즉 전쟁이 어서 물러가고 평화의 국가가 되기를 기도합시다. 전쟁이 없어지고 평화의 국가가 오게 하는 방법, 즉 십자가의 사랑이라야 됩니다.

3. 하나님을 아는 지식이 충만한 국가입니다

본문 9절에 "여호와를 아는 지식이 세상에 충만함이 물이 바다에 넘침같이 흐르도다" 한 것은 하나님에 대한 인식이 모든 사람의 지각에 바닷물같이 충만하겠다는 것입니다. 다시 말하면 국가가 종교와 도덕으로 화하며 평화의 국가가 될 수 있다는 말입니다. 러시아는 공산주의로 종교를 박해하여 내란이 그칠 사이가 없고 지금은 반공산주의의 반란이 날로 증가하고 있으며, 중국에서도 종교와 도덕이 부패함으로 백성이 어리석고 생각이 어두워 내란이 쉴 새가 없는 것입니다. 그러므로 종교와 도덕이 부패한 국가는 평화가 지속될 수 없습니다. 우리는 하나님을 아는 지식이 충만하기를 기도합시다.

우리 그리스도인은 이상의 내세적 평화의 국가를 희망하는 동시에 오늘 현세 국가가 먼저 평화의 국가로 이루어 가도록 공의를 좇는 국가, 전쟁 없는 국가, 하나님을 아는 지식이 충만한 국가가 되도록 기도합시다.

1937년 8월 29일

4장

주기도문 강해

손양원 목사의 주기도문 강해는 그의 설교를 늘상 받아 적어 온 박동수 장로의 수첩에 담겨 있다. 손양원 목사가 손수 작성한 것은 아니지만, 그의 설교를 직접 듣고 받아 적었다는 의미에서 중요한 사료적 가치가 있다. 또, 한 주제에 대해 손양원 목사의 연속 설교를 보여 주는 드문 자료이다.

하늘에 계신 우리 아버지

로마서 1장 18-23절

> 창세로부터 그의 보이지 아니하는 것들
> 곧 그의 영원하신 능력과 신성이
> 그가 만드신 만물에 분명히 보여 알려졌나니
> 그러므로 그들이 핑계하지 못할지니라 (로마서 1:20)

기독교의 기도의 근거 (창세기 1장)

세상의 과학자, 철학자라도 "하늘에 계신 우리 아버지"라 부르지 않고 기도하지도 아니했습니다. 오직 기독교에서만 "하늘에 계신 우리 아버지여"라고 부릅니다. 참 신을 가르쳐 준 이는 예수밖에 없습니다.

신관神觀

1. 무신無神

유물주의자의 주장입니다. 무신론을 주창하는 자는 부모가 없다는 말과 같습니다. 부모가 없는 사람이 있습니까. 중국에서 어떤 사람이 하나님을 쏘아 죽이려고 총을 놓다가 자기가 죽었습니다. 벼락을 맞아 죽었습니다. 김익두 목사와 대학교수가 하나님을 아는 법은 각기 다릅니다. 전기나 공기를 보여 줄 수 없습니다. 공기는 실험으로 알 수 있습니다. 바람이 지나가면 시원합니다. 전기를 잡으면 뜨겁습니다. 하나님이 계신지 안 계신지는 체험으로 알 수 있습니다.

2. 다신多神

인도인의 주장입니다. 조선에는 약 7천의 신, 인도에는 3억 5천만의 신이 있습니다. 다신교에서 신자의 제사와 기도는 다신을 불러서 합니다. 하지만 나를 낳아 준 이는 하나밖에 없고, 세상에 신이 많기는 많으나 우주를 주장主掌하는 참 신은 하나님 한 분밖에 없습니다.

3. 범신汎神

불교에는 13종 58파가 있으며 무신론 다신론 범신론자가 불교 중에 많습니다. 세상 만물도 다 신이라고 하나 만물을 만드신 이는 오직 하나님 한 분밖에 없습니다. 광물 식물 동물 생물 사람은 하나님의 5대 창조입니다.

4. 인내천人乃天

천도교天道敎[1]에서 주장합니다. 사람은 머리털 하나도 나게 할 수 없는데 자기가 하나님이 될 수 있을까요?

5. 이치론

유교에서 주장합니다. 유교에서 천天은 이치라 합니다. 어떤 청년이 질문하기를 하나님을 한 마디로 알려 달라고 하자 목사가 대답했습니다. "면은 면장, 군은 군수, 도는 도지사, 나라는 임금이 다스리는데 온 세상은 누가 주장하는가?" 천당 간다 하지 말고, 천당 생활한다고 하십시오.

잘못된 신앙인은 다 망합니다. 하나님 외에 다른 신을 믿는 자는 다 망합니다. 하나님을 진심으로 공경하지 않고 다른 신을 섬기는 나라는 다 망하고 말았습니다. 성경 66권 속에서 하나님을 볼 수 있습니다. 종이쪽 하나에서 온 우주를 그려

---

[1] 1860년 최제우가 창시한 동학(東學)을 1905년 제3대 교조 손병희가 개칭한 이름. 사람은 본래 하늘의 성품을 가졌으므로 사람이 곧 하늘이라는 인내천(人乃天) 사상이 특징이며, 자신을 포함한 모든 사람이 하늘처럼 존귀하므로 사람 대하기를 하늘을 섬기는 것처럼 경건하고 겸손하게 해야 한다고 강조했다.

낸 것을 볼 수 있습니다. 창세기 1장 1-5절에서 하나님을 볼 수 있습니다. (1) 운행 (2) 말씀 (3) 생명 (4) '보시니' (5) 감정 (6) 변별로 나누어 살펴보겠습니다.

운행은 살아 계신 증거입니다. '가라사대' 말씀하신 하나님은 살아 계신 하나님인 증거입니다. 유교에서 천天은 무언無言입니다. 유교의 하나님은 죽은 하나님이니 말이 없으십니다. 기독교의 하나님께서는 살아 계시니 말씀하십니다. "있으라"고 명령하신 하나님이십니다. 하나님은 '감정'이 있으니 보실 수 있습니다. 은밀히 죄를 범하지 마십시오. "좋은지라"라고 하셨듯이 감정이 우리와 같으십니다. 변별의 하나님입니다. 빛을 보시니 낮이라, 저녁이라, 아침이라, 해를 보라 하셨습니다.

영천靈天에 계신 하나님께서는 무소부재無所不在의 신이며, 성신 받은 사람의 마음에 계십니다. 범신론을 초월해 하늘에 계신 우리 아버지이십니다. 하늘에 계신 이유는 전지전능全知全能의 뜻을 보이기 위해서입니다. 조선 민족의 특성 중에 하나는 '하느님'이라고 하는 말입니다. 일본은 하나님에 대해 '카미'[2]라고 합니다. 여러 가지가 카미입니다. 조선과 유대 나

---

2 카미는 '신(神)'을 일본식으로 읽은 것. 신, 하나님, 신령 등 다양한 의미가 있지만, 대체로 일본에서는 신앙이나 외경의 대상이 되는 모든 것을 '카미'로 나타낸다.

라에서만 하나님이라고 합니다.

'우리 아버지'란 말에 대해 (1) 하늘에 계신 우리 하나님은 신만 아니요, 아버지가 되시고 (2) 우리는 아들이 되고 (3) 한 형제가 되며 (4) 하나님은 자비롭고 위엄하시고 (5) 역사상으로 나타나시는 아버지, 장엄한 우주를 창조하신 아버지, 우리 속에 구원을 완성시키시는 아버지이며 (6) 온 우주와 인류를 주장하시는 하나님이 나의 아버지라는 것이 나의 만족입니다.

신년 설날을 맞는 우리는 새 생활을 합시다. 하나님을 내 아버지로만 삼으십시오. 아담으로 내려오는 육적인 인간의 아버지, 선민 아브라함의 아버지, 예수만 부르는 아버지, 예수 안에 있는 자, 곧 기독자가 부르는 아버지, 만민을 대속하신 예수의 아버지입니다. 우리는 예수와 결합하였습니다. 예수가 부르는 아버지는 우리의 아버지입니다. 신부가 신랑과 혼인한 후에는 신랑의 아버지를 자기도 아버지라고 부르는 것과 같습니다.

1946년 12월 29일 주일

이름을 거룩하게 하옵시며

이사야 6절 1-5절

> 웃시야 왕이 죽던 해에 내가 본즉 주께서 높이 들린 보좌에 앉으셨는데
> 그의 옷자락은 성전에 가득하였고 스랍들이 모시고 섰는데
> 각기 여섯 날개가 있어 그 둘로는 자기의 얼굴을 가리었고
> 그 둘로는 자기의 발을 가리었고 그 둘로는 날며
> 서로 불러 이르되 거룩하다 거룩하다 거룩하다 만군의 여호와여
> 그의 영광이 온 땅에 충만하도다 하더라(이사야 6:1-3)

세상 인간 종교에서 찾아볼 수 없는 기도의 문구입니다. 세상 어떤 종교에도 자기가 믿는 종교의 대상자가 잘되기를 기도하는 종교는 없습니다. 오직 기독교의 신자만이 기도의 대상자가 잘되기를 기도합니다.

험한 길, 좁은 문, 십자가를 통하지 않고는 하나님 아버지를 찾을 수도 없고 볼 수도 없습니다. 마귀는 아버지가 없다고, 아니라고 꾀입니다. 오직 예수께서만 참 아버지를 보여

주셨습니다. 우리는 하나님 아버지를 찾았습니다. 기차는 양 궤도가 아니면 도저히 갈 수 없습니다. 인간은 천륜과 인륜 양 궤도 위에서 걸어가야 합니다.

1. 하나님은 거룩의 신

하나님께서는 그 자체가 거룩하십니다. 숯은 씻어도 검습니다. 마찬가지로 하나님께서는 전부가 거룩하십니다. 이사야는 거룩의 신 앞에 설 수 없어 두려워 떨었습니다. "그 때에 내가 말하되 화로다 나여 망하게 되었도다. 나는 입술이 부정한 사람이요, 나는 입술이 부정한 백성 중에 거주하면서 만군의 여호와이신 왕을 뵈었음이로다"(이사야 6:5). 누가 그 영광 앞에 섰습니까? 아브라함, 모세, 그 외 선한 왕 등입니다.

2. 내가 거룩하게 하라고 해서 하나님이 거룩해지겠습니까

아닙니다. 하나님의 자녀 된 나의 행위로써 하나님을 거룩하게 하십시오. 거룩의 신에게 누가 욕을 돌리겠습니까? 자녀 된 우리가 잘못할 때 하나님께 욕을 돌리는 것입니다. 그 책임은 우리에게 있습니다. 아버지를 누가 영화롭게 하겠습니까? 자녀들입니다. 자녀가 잘못하면 아버지는 망신입니다. 신앙과 행위로 거룩하게 하십시오.

3. 어떻게 하면 거룩하게 됩니까

(1) 거룩의 생명을 받아야 거룩해집니다. 그리스도의 생명을 받아야 합니다. 계란이 어머니 품 안에 두 번 들어가야 병아리가 됩니다. 육은 육입니다. 영이 그리스도의 생명을 받아야 합니다. 접붙이십시오.

(2) 말씀 기도 순종이 자라 가는 중에 거룩해집니다. 주님을 본받아야 거룩해집니다.

(3) 희생적 생활로써 거룩해집니다. 희생의 생활이 아니고는 하나님 아버지를 영화롭게 할 수 없습니다. 영을 위해 육체, 영생을 위해 이 세상을 희생합시다. 하나님 영광을 위해 내 영광을 희생하십시오.

"내가 거룩하니 너희도 거룩하라." 스스로 거룩하십시오.

1947년 1월 5일 주일

오늘날 우리에게 일용할 양식을 주옵시고

누가복음 12장 13-34절

> 또 제자들에게 이르시되 그러므로 내가 너희에게 이르노니
> 너희 목숨을 위하여 무엇을 먹을까 몸을 위하여 무엇을 입을까 염려하지 말라.
> 목숨이 음식보다 중하고 몸이 의복보다 중하니라(누가복음 12:22-23)

우리를 위해 하는 첫 기도입니다. 첫째 아담은 육입니다. 둘째 아담, 예수의 생명을 받은 자만 영입니다. 기독자의 가치를 찾았습니다. 중생하지 못한 자, 육에 속한 자는 유물주의자입니다. 세상의 종교는 '돈'의 종교입니다. 왜 일용한 양식만 주시라고 하셨을까요.

1. 기독자가 육의 생활에만 치중하지 않게 하려고

우리의 육도 하나님을 위해 살아야 할 것입니다. 우리 기독자는 영적 생활을 하기 위해 일용 양식만 구합니다. 기독자

의 생활이 빵입니까, 영입니까? 이 한 마디 속에서 유물주의, 공산주의, 육에 대한 모든 문제를 깨뜨리고 말았습니다. 빵 문제, 육의 모든 문제의 근원이 하나님이십니다. 그러니 모든 문제는 먼저 하나님을 찾는 데 있습니다.

2\. 위대한 성직과 본분에만 전력하기 위해

그날에 할 의무와 책임을 다하기 위해 일용할 양식만 주라고 하셨습니다. 우리는 일할 본분과 책임, 의무에만 전력합시다. 오늘이 내 날입니다. 오늘 내가 할 의무가 무엇입니까.

3\. 기독자의 의식주에 대한 원리를 가르치기 위해

기독자의 의식주와 불신자의 의식주는 다릅니다. 기독자의 의식주에 대해, 하루에 먹는 생활에서 위대한 진리를 발견할 수 있습니다. 우리의 육이 먹고, 입고, 사는 생활에서 내 속에 예수의 생명을 받는 내 영도 날마다 자랍니다. 변화와 부활의 가치를 발견할 수 있습니다.

1947년 5월 4일 주일

시험에 들지 말게 하옵시고
다만 악에서 구하옵소서 I

신명기 13장 1-5절

> 너희 중에 선지자나 꿈 꾸는 자가 일어나서 이적과 기사를 네게 보이고
> 그가 네게 말한 그 이적과 기사가 이루어지고
> 너희가 알지 못하던 다른 신들을 우리가 따라 섬기자고 말할지라도
> 너는 그 선지자나 꿈 꾸는 자의 말을 청종하지 말라.
> 이는 너희의 하나님 여호와께서 너희가 마음을 다하고 뜻을 다하여
> 너희의 하나님 여호와를 사랑하는 여부를 알려 하사
> 너희를 시험하심이니라(신명기 13:1-3)

1. 마귀는 강하고 타락한 인간은 약합니다

그러므로 약한 우리는 강한 마귀에게 굴복당할 수밖에 없으니 이 기도를 아니 할 수 없습니다. 기도하는 자의 기도를 들어주셔야 할 이유는, 자기 십자가로 마귀를 이기었으니 이 기도를 아니 이루어 주시면 자기의 십자가가 헛되기 때문이니

반드시 이루어 주실 것입니다. 그러니 이 기도가 필요합니다.

2. 하나님의 시련에 있어서 이 기도가 필요합니다

시험이 없기를 기도하지 말고 시험이 올 때 빠지지 않기를 기도하십시오. 여기서 모든 시험을 이기는 믿음이 힘을 얻고 용기가 납니다. 시험이 없다면 기도할 필요가 없습니다. 유다는 시험에 들어 죽었고, 베드로는 시험을 이겨 살았습니다. 세상에 일 없는 자는 불쌍합니다. 시험이 없는 자는 마귀에게 이미 사로잡힌 자입니다. 기독자에게만 시험이 옵니다.

십자가를 지고 예수를 좇으십시오. 세상에서 하나님 일을 많이 한 자가 천당에서 부자입니다. 시험에 들지 않고 이기기 위하여 힘쓰십시오. 기도하십시오. 싸움이 없다면 승리가 없습니다. 신자에게 시험이 없으면 승리가 없습니다. 싸워 이기십시오. 힘을 얻을 것입니다.

3. 장래 상급을 위해 시험을 주셨습니다

시험으로써 천당의 상급이 좌우됩니다. 시험 속에는 고난이 있습니다. 고난이 없으면 인내도 없습니다. 고난을 인내하는 자에게는 상급이 있습니다. 영광이 있습니다. 고난을 인내로 이기십시오. 인내는 보배입니다. 인내는 신앙의 힘줄입니다. 신앙생활이란 날마다 싸우는 것입니다.

4. 시험에 들기 쉬우니 이 기도를 하십시오

사람은 꿈 몽상 술객 등에 속기 쉽습니다(신명기 13:1-5). 마귀의 지혜와 능력으로, 사람의 지혜와 올바르지 못한 술법으로 죽은 부모의 혼을 불러 그 얼굴이 나타나게 합니다. 그러나 인간의 지혜와 힘으로는 하나님을 볼 수 없습니다. 기도와 성경이 아니고는 하나님을 볼 수 없습니다.

1947년 6월 29일 주일

시험에 들지 말게 하옵시고
다만 악에서 구하옵소서 2

베드로전서 5장 7-10절, 누가복음 17장

> 너희 염려를 다 주께 맡기라. 이는 그가 너희를 돌보심이라.
> 근신하라. 깨어라. 너희 대적 마귀가 우는 사자 같이 두루 다니며 삼킬 자를 찾나니,
> 너희는 믿음을 굳건하게 하여 그를 대적하라.
> 이는 세상에 있는 너희 형제들도 동일한 고난을 당하는 줄을 앎이라(베드로전서 5:7-9)

구원받은 자에게 부딪치는 4대 시험은 다음과 같습니다.

1. 내 구원에 대한 의심

(1) 내 구원에 대한 의심은 내 죄가 사해졌나 아닌가 하는 식으로 사죄에 대한 의심이 나는 것입니다. 바다의 배가 아무리 커도 바다보다 더 큰 배는 없습니다. 아무리 죄가 커도 예수의 보혈 공로보다 크지 않습니다.

⑵ 중생했나 못 했나 의심합니다. 거듭난 줄을 어떻게 압니까? 죄를 지으면 마음이 아픈 것을 보아 압니다.

⑶ 죄악의 성결 문제에 대한 의심입니다. 죄 뿌리는 세상에서 사는 동안 울면서 싸우고, 싸워 대적하여 이기고 사는 것이 성결의 생활입니다.

⑷ 내가 택함을 받았는지에 대한 의심입니다. 택하는 것은 하나님께서 하시는 일입니다. 나는 믿기만 하면 됩니다. 꽃은 심은 후 가꾸기만 하면 됩니다. 그러나 살았나 죽었나 날마다 뽑아 보면 뿌리가 말라 죽습니다.

⑸ 신앙의 낮과 밤이 있습니다. 찬송하고 기도해도 답답하고 애를 써야만 하는 때가 있습니다.

2. 다른 사람의 행위에 대한 의심

다른 사람의 행위나 먼저 믿은 사람의 행위, 목사 장로의 신앙을 보다가는 타락합니다. 예수만 바라보십시오.

3. 하나님의 대 경륜에 대한 의심

왜 하나님께서 이렇게 하시는가 하며, 우주 문제, 인생 문제를 해결하지 못한다고 불평합니다. 인생들이여, 모든 문제를 하나님께만 맡기십시오. 심판 때까지 기다리십시오. "깊도

다, 하나님의 지혜와 지식의 부요함이여"(로마서 11:33).

4. 성경 교리에 대한 의심

사람의 지혜 지식 과학으로 성경을 해석하려는 것이 신신학新神學입니다. "이러한 시험과 유혹에 들지 말게 하시고 구하여 주옵소서." 세상의 과학은 이적과 기사를 의심하고 부인하나 기독교는 초과학적입니다. 성경을 과학으로만 해석하지 마십시오. 과학이 풀지 못하는 우주 문제, 인생 문제는 신앙으로만 해결할 수 있습니다. 의심의 고개를 넘어서십시오.

1947년 7월 주일

5장

옥중 편지

아버지 손종일 장로에게 보낸 편지 1

아버님께 올립니다.

일엽낙지천하추一葉落知天下秋, 한 잎사귀의 오동 잎이 떨어짐을 보아 천하에 가을이 온 줄 안다고 하여 사소한 것을 미루어 대사까지 알 수 있다는 옛 성인의 시구이오나, 과연 가을도 이미 늦어 엄동설한이 이르기 전에 곡식을 거두고 저장하는 일에 매우 바쁘게 노력할 때입니다.

   삼가 안부를 듣지 못한 이때에 하나님의 넓고 큰 은혜로 아버님의 몸과 마음이 한결같이 모두 평안하시기를 앙모하며 빌어 마지않습니다.

막내아우 의원의 가족 등도 동일한 은혜 가운데 두루 편안한지 알고자 하오며, 둘째 아우 문준이 보내온 편지에 제수씨의 병세가 대단히 나아졌다고 말함은 하나님께서 소자의 근심 위에 근심을 덜게 해 주심인가 하여 감사하오며, 또 둘째 아우가 내년 1월 4일에 만나러 오겠다는 소식은 그 얼마나 기쁜지 과연 괄목상대요, 손꼽아 기다리는 큰 희망입니다. 지나간 세월은 천 년도 하루 같사오나 기다리는 세월은 매우 짧은 시간도 길게 느껴집니다.

아버님, 불효자 양원을 위해서는 조금도 염려치 마소서. 홀로 계신 아버지, 형제, 처자의 간절한 기도에 하나님의 응답으로 동일한 은혜 중에 잠자고 먹는 일이 여전하오며 한 덩어리의 주먹밥, 한 잔의 소금국의 진미는 그야말로 신선의 요리요, 천사의 떡 맛입니다. 세상 최고의 맛은 입맛인가 봅니다. 아버님과 형제들은 굶주리고 헐벗어 추운 것을 염려하시나 들에 백합화를 곱게 입히시고 공중에 참새를 잘 먹이시는 아버지 되신 하나님께서 당신의 아들이요, 하물며 일하는 일꾼에게 아니하시겠나이까. 그보다 소자는 본래 먹는 분량이 적은 사람이오니 이 밥도 만족하고, 또 키가 작은 자이오니 이 옷과 이불이 발등을 덮으며, 총후 국민으로서 이만하면 자족자만합니다.

아버님과 형제, 처자, 가족들을 향해 간절히 바라기는 스스로 만족하는 데 복이 있음을 깨달으시기를 바라나이다. 소자의 꿈속에 아버님과 가족들이 근심과 고난으로 종종 병색으로 보이니 도리어 근심입니다. 수증기가 올라가서 구름이 되고 냉기를 만나 비가 되고 밤기운에 이슬이 맺어 서리가 되는 것이겠지요. 구름은 날쳐 비를 이루게 되는 법이고 이슬이 맺히면 서리가 되오니, 육적 생각은 근심을 이루고 근심이 맺히면 병이 되는 것이오며, 영적 생각은 자족을 이루고 자족의 생활은 일대 만족을 이루게 되는 것입니다.

근심은 병의 근원이요, 죄 중의 대죄입니다. 그러나 인생은 이를 깨닫지 못합니다. 그래서 자족보다 더 큰 부호를 저는 아직 못 보았나이다. 그러므로 소자는 옥고 중에서 의복과 음식을 대할 때마다 감사의 눈물을 금할 수 없는 때가 한두 번이 아니었나이다.

최전선에 나선 정병, 고난에 헤매는 자가 얼마나 많습니까? 여러 가지 마음의 고통, 육체의 고통이 많고 크오나 다 인내로써 감수하나이다. 내려오는 속담에 "사람의 마음은 가질 탓이요, 버드나무는 바람을 거스르지 않고 남에게는 질지나 자기는 이기고, 용기 있게 결단을 내리는 사람의 앞길에는 대적이 없음"이 과연 그러합니다. 사람의 마음은 자기가 마음을 가지는 대로 변하며, 버드나무와 같이 모든 역경을 온유함으로 받아들이고 자기의 정욕을 쳐서 이기고 용감히 나아가면 아무리 어려운 중에서라도 잘 진행되는 법입니다.

그래서 인생관에 있어서 낙관자, 비관자 양단으로 치우치게 보는 자가 있사오나, 낙관으로만 비관으로만 양쪽 끝으로 치우치게 여길 것이 아니라 사계절이 각각 다르고 사람 간의 칠정七情(일곱 가지 감정), 희로애락이 다 각각 성질을 갖추고 있어서 나누어져 있는 것같이 인생의 앞길에도 기쁠 때, 슬플 때, 질병, 웃음은 없을 수 없는 필연의 사실이고 진리이오니 구름과 비가 있을 때는 광명의 날이 있을 것을 생각할 것이며, 흑암 속에서는 광명한 아침을 바라며 기다림이 마땅하겠나이다.

아버님이여, 형제분이여, 무엇보다도 귀하고 필요한 것은 '인내'입니다. 세상에 만물, 만사가 고난을 겪지 않고 되는 것은 아무것도 없지요. 우리만이 아니요, 우리나라 전 국민이 다 그러하고, 아니 우리나라뿐이리요, 온 세상 돌아가는 판국의 대세가 고난 중이오니 그야말로 '대동지고大同之苦'로소이다. 그러므로 우리만이 빠져서 공중누각 백일몽의 행복한 무리를 꿈꾸리이까. 아버님과 가족 등은 부디 모든 염려는 주께 맡기시고 안심하십시오.

전번 9월분에 막내아우 편지는 보았사오나 아버님의 친필 편지를 받지 못해 병환으로 못 하신 것을 짐작하고 염려 중 아직껏 기도하나이다. 이 편지는 보신 후 동인에게 속히 전해 주소서.

동인아, 아주머니와 평안하냐. 아주머니는 입원이 못 되면 동생에게 가도 좋다고 안부까지 겸하고 이 편지도 같이 보아 만분지일이라도 혹 위안될는지. 먼저 편지도 같이 보았겠지. 내가 사서 공부하라는 책, 선화사전鮮和辭典(한국어를 일본어로 풀이한 사전)은 샀는지? 간이 성경을 보면 한문도 배우겠지. 기도, 성경에는 게을리 말라.

1942년 11월 5일

아버지 손종일 장로에게 보낸 편지 2

아버님께 올립니다.

하나님 아버지와 예수 그리스도로 말미암아 건강과 장수의 복이 나의 노부님에게 임하시기를 엎드려 빌기를 마지않나이다.

　세월을 주름잡아 손꼽아 기다리던 5월 17일에 얼마나 놀라시며 근심하셨나이까. 불효자 양원은 무슨 말로써 어떻게 위안을 올리리이까. 아무 도리는 없사옵고 다만 믿기는 아브라함, 욥 같으신 반석 같은 그 신앙으로써 스스로 위안과 복을 받으시기를 바랄 뿐입니다.

5월 20일에 예방구금소豫防拘禁所[1]로 가기로 언도를 받았습니다. 성경 교리를 그대로 절대 신앙한다고 하여 그럽니다. 그래서 6월 2일에 공소할 수속으로 항고서를 복심법원覆審法院[2]에 수속했습니다. 이는 불평의 감정이나 괴로움을 면해 보려는 것보다도 성경 교리를 증거하려는 것뿐입니다.

아마 이달 20일경이나 그믐 안으로 대구에 가면 8월 중으로 끝이 나서 경성구금소로 가게 되었습니다. 경성 서대문 형무소 내 예방구금소로 가게 됩니다. 구금소는 편지나 면회는 매월 몇 번이고 누구나 다 자유이오며, 모든 것이 다 그 안에서만 자유이오니 안심하여 주옵시며, 행여 만주 동생 집에 가실 때는 면회하여 주심을 바라옵니다.

좋은 특사가 행여 내려지면 쉬이 만나게 되겠지요. 만사만행을 다 주께 맡기시고 부디 마음을 안정하시며 참다운 신앙의 실생활 하시기만 우러러 부탁할 뿐입니다.

문준 동생에게와 순덕 누이와 병원 형제에게 문안과 소식을 전해 주시오며, 의원이 동생은 무슨 직업을 가졌으며, 동신이도 공장에 다니며, 순덕이 소식을 알고 싶으며, 동인 모

---

[1] 형기가 만료된 사람을 지도, 관찰하기 위해 가둬 두는 곳. 일제 강점기에 주로 사상범으로 분류된 사람들이 수용되었다.
[2] 일제 강점기 지방법원 재판에 대한 공소 및 항고에 대하여 재판을 한 곳. 고등법원보다는 아래이고 지방법원보다는 위에 해당하며 서울, 평양, 대구에 있었다.

母는 아프다더니 아마 편지 없는 것 보니 안 나았는지요. 박신출 형님 이하 다 문안 전해 주시옵소서. 그 전에 동인에게 보내, 편지들 다 종종 보아 가족이 위안받으시기 바랍니다.

 끝으로 빌기는 오래 사시기를 우러러 기원합니다.

 제대로 갖추지 못하고 글을 올립니다.

1943년 6월 8일

부인 정양순 사모에게 보낸 편지 1

사랑하는 양순 씨에 회답

하루 이틀 가는 세월은 쉬지 않고 달아나서 달을 이루고 어느덧 해를 이루어 1936년도 벌써 네 해가 되고 말았지요. 화살같이 빠른 세월은 덧없이 흘러 한 해를 넘기고 나니 당신의 나이도 벌써 30의 고개를 지나서 인생의 제1기라는 한 막을 벌써 다 살고 31세란 제2기를 걷게 되는 이때를 감感하고 보니 벌써 우리의 옛 소리를 말하게 되겠지요.

벌써 당신이 내 집에 온 지도 반세기를 이루게 되며 그동안 무한의 파도와 큰 고생도 다 넘기고 무수한 사태의 갖은

풍파를 다 겪고 아직도 한 해라는 몹시 험한 산봉우리라 할까. 마지막 고개라 할까. 한 해만 가리워 있는 내년이면 벌써 나도 이 학교를 졸업하게 되겠지요. 길다는 3년, 내년이면 졸업입니다. 2년도 지냈는데 1년이야 다 된 것이지요.

한 해만 더 조금, 문준이가 사는 것 보고는 부러워도 마시고 못 본 체도 맙시다. 참으로 나는 문준이가 사는 것이 나의 신앙으로 볼 때 대단히 염려스럽습니다. 한 혈통의 동생만 아니라도 차라리 예사로이 볼지도 모르겠는데, 참말로 내가 권면하고자 하나 혹 나의 신앙의 오해라 할는지 몰라서 권면하지도 못하고, 이 가슴이 쓰라려서 하나님에게 자연히 깨닫게 해 달라고 기도만 합니다. 교역자라는 주님의 사도는 주의 종도 되는 자요. 옛날 선지자같이 있는 것도 다 버리고 나오는 교역자인데, 도리어 모으려고 애쓰며 부모도 형제도 의리도 저버리고 욕심으로 저금이나 논과 밭을 사게 됨은 참으로 위험한 일이 아닐까요.

아직도 조합의 돈이 안 나왔거든 우편소 아저씨에게나 타인에게 우선 변자하고 옹색한 대로 채워 쓰소서.

동인이는 말도 잘 듣고 공부도 잘하는지요. 좋은 아이 되면 내년 여름에도 데리고 다니겠다고 하소서. 나는 내년에 졸업해도 절대 예금이나 논밭을 살 계획은 하지 않겠습니다. 부모와 형제를 구제하기도 부족이 많을까요? 내가 지금 아무리 학비에 군속窘束(묶여 있는 것처럼 옴짝달싹할 수 없게 어려움)을 당하고 집안에 아버지와 아내와 자식이 굶주려도 하나님의 진리를 어기면서 잘 먹고 잘 입고 잘 살게 하지는 않겠습니다.

옛날 모세와 바울만 다 내어 버리고 주께 나온 것이 아니라, 오늘날까지도 기독교의 참된 교역자는 다 버리고 던지고 희생적이지 않습니까. 주께서도 다 버리지 않으면 나의 제자가 되지 못한다고 하셨지요. 그렇다고 일부러 걸인이 되거나 돈을 함부로 쓰거나 예산 없이 쓰거나 함부로 하는 것이 아니라, 아버지께 맡기고 주의 뜻대로만 살면 먹고 입고 자식 교육하고 살 수 있습니다. 그러나 지혜 있게 하고, 힘대로 해도 안 되는 것은 하나님의 뜻대로 되는 것이요, 또는 각자 타고난 복이니 이것이야 어쩔 수 없겠지요.

당신도 내년부터는 손 목사님의 부인이시니 미리 기도 많이 하고 준비하시고 잘 각오하소서.

우리는 같이 이상적 부부가 됩시다. 신앙의 부부, 믿음으로 화평하고 뜻 맞춰 살면 세상의 부귀영화 누리고 죄악과 불평으로 사는 것 보다 하루를 살아도 이러한 진리와 기쁨의 생활을 하는 가정이 되니 얼마나 기쁘겠소.

이러면 내세에 더욱 많은 복은 우리 것이 되겠지요. 가령

이 세상과 내세에 복이 없다 할지라도 하나님의 뜻대로 살아야 하고 사람답게 살아야 마땅하지 않을까요? 우리는 진리로써 새로 지은 가정이 되며 진리로 배부르고 의로써 만족하게 되나이다. 내가 온 다음으로는 당신에게 만족은 못 주나 진리로 만족시키고자 합니다.

혼자 계신 아버님, 자주 좋은 말로써 위로 많이 해 드리고 이야기도 종종 해 드리며 기쁘게 하소서. 믿음으로 소망과 위로를 종종 드리소서. 조합에는 자주자주 가서 독촉해야 합니다. 여러 번 내기가 귀찮으니 한 부대負袋 백 원을 내었다면 좋겠는데 이제라도 될 수 있다면 백 원을 청구해 보소서. 부흥회는 아무래도 나가야 합니다. 다른 일은 다 아니합니다. 기도나 많이 해 주소서. 의원 동생은 양력 3월 20일경에 평양에 올 것입니다.

그만 끝.

내가 예 목사님께 15원 받는다 하나 십일조와 보험료 제하면 12원밖에 못 되는 것 가지고 밥값 8원 제하면 학비가 부족합니다. 그래도 걱정만 하고 돈 사랑하지는 않을 것입니다.

1937년 무렵[1]

---

[1] 평양신학교 재학 시절 보낸 편지로 겉봉이 소실되어 정확한 날짜는 알 수 없지만 편지 내용으로 보아 대략 1937년으로 추정된다.

부인 정양순 사모에게 보낸 편지 2

이상하기도 합니다. 달마다 하루도 어기지 않던 당신이 이렇게 늦은 것 보니 아마도 집안에 무슨 변고가 생긴 것이 사실인 것 같습니다. 누군가 아픈지요. 무슨 별일인지요. 하여튼 면회를 못 오게 될 사정이면 편지라도 하여 주어야 한 가지만 위해 염려나 기도할 텐데 편지까지 없으니 무슨 일인가 하여 별별 걱정 여러 가지로 생각하게 됩니다. 급히 소식 주기를 간절히 바랍니다.

밤마다 꿈속에서 당신의 마음에 있는 근심과 몸이 불안한 것을 보았는데 아마 근심 걱정에 눌려 병이 된 모양입니다. 그러나 근심과 걱정은 절대 할 필요가 없습니다. 걱정이란 병

중에 병이요, 죄 중에 큰 죄가 되는 것입니다.

우리가 보통으로 생각할 때는 머리가 아프니 배가 아프니 손이니 발이니 하여 병인 줄 아나 근심이 병인 줄 아는 자가 적고, 도적질이나 살인이나 간음은 죄인 줄 아나 걱정이 죄되는 줄 아는 자를 별로 보지 못했습니다. 모든 죄 중에 제일 큰 죄가 불신이 아닌가요? 믿음이 없는 것이 제일 큰 죄가 됩니다. 모든 염려를 주께 맡기면 주께서 권고해 주신다고 했는데 맡기지 않고 마음에 가지고 있는 것이 불순종 아니겠습니까? 육신의 생각은 근심을 이루고 근심이 맺혀 병이 되는 것이요, 영적 생각은 자족한 마음이 생기게 되고 자족할 줄로 아는 것은 일대 거부가 되는 것입니다.

걱정은 병 중에 큰 병이요, 죄 중에 큰 죄가 되는 것이요, 자족은 부자보다 낫고 만족한 생활자입니다. 내가 항상 말하거니와 "고난은 참으로 큰 복입니다." 꿀같이 달게 받나이다. 참고 견디면 이보다 큰 복은 없습니다. 고난은 곧 연단하는 것이오니 만사, 만물이 고난을 통과하지 않고 되는 것은 아무 것도 없습니다. 모든 기구도 그러하고, 부자나 학자나 모든 성인군자까지도 다 고난의 산물이 아닌가요? 고난은 성공의 어머니가 아닌가요? 고난이 복을 거두는 씨가 아닐까요?

고난 중에 자기 과거의 죄를 다 깨닫게 되어 사죄의 은혜도 받고, 세상의 벗이 되어 죄 중에 빠지는 자에게 고난의 채찍으로 하나님에게 더욱 가까이 나아가게 됩니다. 육체적 염려와 세상 생각의 염려는 우리의 신앙 생명이 자라나지 못하게 하는 걱정의 돌짝밭이요, 염려의 가시덤불입니다. 그래서 이 걱정 근심이 우리가 받은 구원의 즐거움을 빼앗고 하늘 장래 영광을 못 보게 눈을 가립니다.

옛날 이스라엘은 몰록에게 장자를 바치는 것도 기뻐했거늘 하물며 아브라함이 독자를 하나님께 바친 즐거움이리요. 그러므로 아브라함은 믿음의 선조가 되었고 오늘 우리의 본이 되었습니다. 당신은 나를 위해 조금도 염려하지 말아 주소서. 한 덩어리의 주먹밥, 한 잔의 소금국물의 그 맛이야말로 신선자의 요리요, 천사의 떡 맛입니다. 공중의 새를 먹이시는 하나님, 들의 백합화를 곱게 입히시는 우리 아버지께서 내게 양을 본래 적게 하심으로 이 밥으로도 내게는 만족이요, 나의 키를 적게 하심으로 옷과 이불은 나의 발등을 덮으니 이만하면 만족이 아닐까요. 새를 먹이시고 들의 풀을 곱게 입히시는 것을 보고 하물며 사랑하는 자녀이며 일하는 일꾼이리요. 그러므로 주께서는 "적게 믿는 자들아 왜 의심하느냐"라고 꾸지람하십니다. 염려할 것은 다만 우리에게 이러한 믿음이 없는 것을 탄식할 뿐이오니 그러므로 기도하는 것입니다. 안심하소서.

평양의 아버지도 안녕하신지. 소식이 없습니다. 동인에게 편지하거든 이달에는 본집에 편지하기 때문에 저에게 못 하는 것 말해 주시오. 그런데 만주에 있는 가운데 동생은 내년 양력설에 휴가받아 온다고 합니다.

무슨 일로 못 오게 되는지 사정을 자세히 모든 소식과 함께 편지해 주소서. 그래야 기도해도 그 목적을 기도할 테고 걱정을 한다고 해도 한 가지만 위해 주께 간구하겠지요. 만기만을 순히 기다려 간절히 기도해 주소서. 또 동생과 동인도 기도 많이 하라고 또다시 신신이 부탁해 주소서.

그만 끝.

1942년 10월 14일

누이 양선[1]에게 보낸 편지 I

누이 양선에게

객지에 있는 동안 유리하는 몸, 외식에 골난 연약한 몸이 얼마나 고생하는가. 진작 소식을 알리려고 하다가 경성에 가서 하려고 오늘이나 갈까 내일이나 갈까, 오늘 내일 하고 기다린 것이 벌써 3개월이나 넘었다. 너희들은 조금 땅을 사서 곡식을 심어 재미를 본다니 매우 감사하나 여자의 몸으로 그 곤란한 생활에 그 고생을 어찌 다 말하겠는가. 그러나 조금도 염

---

[1] 당시 옥중 서신 왕복은 가족, 친척 외에는 불가능했기 때문에 손 목사와 남매처럼 지내고 손 목사의 자녀들이 고모라고 부르던 황순덕 전도사가 서신 교환을 위해 사용한 이름이다.

려는 말고 안심하기를 바란다.

사랑하는 누이야, 나는 솔로몬의 부귀보다 욥의 고난이 더욱 귀해 보이고, 솔로몬의 지혜보다 욥의 인내가 더욱 아름다워 보인다. 솔로몬의 부귀와 지혜는 일생의 마지막 무렵에 죄악의 매개물이 되었으나, 욥의 고난과 인내는 최후의 행복이 된 까닭이다. 사람의 행복이란 최후를 봐야 아는 것이고 참다운 지혜란 죄악을 멀리 떠나는 것인가 하노라.

그래서 나는 솔로몬을 통하여도 은혜의 소득이 많거니와 욥을 통해 얻은 수확은 더욱 많다. 더구나 우리를 동정하고 위로해 줄 이는 크고 화려하게 지은 궁전에서 부귀 영광을 누리던 솔로몬이 아니요, 전신에 심한 부스럼으로 신음 고통하던 욥이 우리의 제일 가까운 친구인가 하노라.

사랑하는 누이여, 그대도 욥의 고난을 잘 생각해 보고 그 인내를 체득하여 본으로 삼아 그 같은 고난을 최후까지 극복하는 자가 되기를 오빠는 빌기를 마지아니한다.

수 주 동안 무점이 동생도 심히 보고 싶음이 간절하다. 보고 싶을 때마다 마룻바닥에 얼굴을 대고 간절히 기도한다. 오빠는 지금도 언제 서울 갈지 짐작하기 어렵다. 오늘인가 내일인가 하고 기대 중이다. 5월 20일에 무기 구금형을 받고 벌써 만 3개월이 넘었다. 하루 일찍이 서울 가면 자유에 더욱 좋을 것 같건만 그래도 이곳에서 배우고 은혜 받는 것도 무한히 많으니 범사가 다 감사할 뿐이로다.

부산 본집에서는 아직도 소식이 없다. 부디 모든 염려는 주께 다 맡기고 범사에 감사한 생활, 항상 기뻐하는 자가 되기를 오빠는 항상 기도한다. 주께서 너희들과 함께 계신다.

끝.

1943년 9월 4일

누이 양선에게 보낸 편지 2

누이 양선에게

일월과 유수는 흘러 마지아니한다. 멈추지 않는 광음은 세월을 재촉하고 일 주야─晝夜(만 하루) 자전은 일 주년을 향해 돌기를 쉬지 아니하매 벌써 어느덧 1년 365일 5시 58분 48초의 궤도를 마친 지도 벌써 20일이 지났구나. 송구영신의 새해를 맞아 아우들의 행복을 빌어 마지않는다. 오빠는 너희들의 염려지덕念慮之德(염려의 덕)과 상관 선생님들의 애호지은혜愛護之 恩惠(사랑하고 소중히 보호하는 은혜)를 입어 청주의 외로운 나그네 생활이나마 여전히 설을 잘 지내었으니 아우들 역시 안심하여 주기를 바란다.

　어제 정답게 보내 준 편지로써 모든 소식을 자세히 알게 되어 감사하기를 마지않는다. 또는 지난해 24일 날에 경성으로 보낸 편지도 다 잘 보고 기뻐하였으니 안심하여다오. 그런데 밭을 샀다는 898평은 전세田稅(논밭에 부과되는 조세) 곡식은 얼마나 받게 되는지 다음 편지에 알려 주기를 바라고, 송금 10원에 대하여는 아직 이곳에 이전된 후에 문서 정리가 완전치 못하여 아직도 못 받은 줄로 짐작했었는데 벌써 받았다니 참 감사하다. 어쩌면 내일쯤 부산에 있는 네 형님과 동인이 함께 면회를 올 듯하다는데 어찌 될는지. 여수 형님댁을 들러서 오게 된단다. 너도 뒷날에 형님댁 식구를 만나게 되거든 사랑의 안부나 잘 전해 주기를 바란다. 소식들과 함께.

　네가 면회를 오고 싶다니 참으로 기쁘고 반가운 소식이다. 보고 싶은 마음이야 어찌 다 말하랴마는, 수남이는 몸이 약해 좀 염려스럽다. 친정은 청주 어디인지 알려다오. 양선의 면회는 일기가 따뜻해지거든 5월경에 오는 것이 고생이 덜 될 듯하고 언제든지 오게 될 때는 미리 올 일자를 알려 주기를 바라며, 오는 길은 그곳에서 오자면 순천역에서 타는 것이 좋겠다. 대전역에서 몇 역을 지난 조치원역에서 차를 갈아타고 3, 40분 만에 청주역에 내릴 수 있다. 이전 구舊 형무소만 물어

오면 된다.

편지 쓸 때는 목사란 직명이나 소식 외의 다른 말을 쓰지 않음이 좋을 것이다. 할 말은 많으나 대강 이만 그친다.

오빠 씀.

1944년 1월 21일

아들 동인에게 보낸 편지

여전히 건전하다니 하나님 은혜에 감사함이 끝이 없으며 박집사님도 편안하고 건강하시다니 더욱 기쁘다. 문안까지 살펴다오.

 네 일행의 동무들까지, 네가 옮기게 된 것, 이 또한 신의 뜻인 줄 알고 범사에 감사한다. 그러나 학교에 입학을 못 하고 공장에 들어가 돈을 번다는 것이 좋기도 하고 고마운 말이나 너의 나이를 생각하면 돈보다도 공부할 시기임을 잊어서는 안 된다. 돈은 다음에도 벌 수 있으나 공부할 때를 놓쳐 나이를 먹은 후에는 공부하기 어렵다. 만사가 다 때를 놓치면 못쓰는 법이니라. 그러나 이왕 늦었으니 내년을 기약하고 그간에 일하고 남은 틈에도 공부를 부지런히 하고, 옛날에 유명한 대 선생들도 빈곤하여 공부할 수가 없어서 주경야독晝耕夜讀하면서, 즉 낮에는 밭을 갈고 밤에는 글을 읽어 출세 입신한 유명한 사람이 많으니 너도 근본은 기도, 성경이나 다음에는 좋은 책들을 구해 스스로 공부하라. 공부하기 좋은 시기를 놓치지 말 것을 꼭 잊지 말아라. 만약 때를 놓친다면 후회는 불급이라.

그리고 무엇보다도 좋은 것은 신앙의 위대한 인격 생활에 힘쓰라. 죄를 범하지 않아야 되니 죄를 지으면 죄의 종이 되는 법이다. 범죄하고는 신앙의 위대한 인격자가 못 되는 것이다. 죄는 어릴 적부터 시작, 계속되지 않아야 되니 어릴 때 배운 죄의 버릇은 장성한 후에는 도저히 고쳐지지 않는다. 아버지 말을 잘 듣고 깨달아 꼭 삼가 수양하기를 간절히 기도하면서 바라고 있다. 동인아, 부디 아버지가 고대하는 좋은 사람이 되도록 크게 힘쓰라. 네가 장래에 부모에게 호의호식을 잘 공양하는 것보다도 네가 훌륭한 사람 되기를 아버지는 몹시 바라고 기다린다.

고향 농사는 삼촌에게 맡겼는지 알려다오. 백 장로님께 다들 만나는 대로 문안을 전해 다오. 어머님께는 자주 위안을 잘 드려라. 아버지는 항상 몸 성히 관의 애호를 잘 받으니 내 걱정은 마라. 너의 간절한 기도의 응답인 것을 믿고 감사한다. 부디 몸조심하고 영육의 건전을 빌면서 그만 그친다.

1942년 6월 13일

아들 동인, 동신에게 보낸 편지

사랑하는 아들 동인, 동신에게

옛 성인의 글에 이르기를 "조수불망비鳥囚不忘飛 마계상념치馬繫常念馳"라 했다. 즉 '새는 비록 새장에 갇혀 있으나 날기를 잊지 않고, 말은 바깥 터에 매여 있으나 달리는 것을 항상 생각한다'는 것이다. 이와 같이 아직 부모의 품 안 슬하에서 교양을 받을 너희가 벌써 남의 수하에서 공장의 몸이 되었으되 너희 본분의 본위를 잊지 말고 장래에 위대한 인격자가 될 것을 항상 생각하고, 심령의 수양과 지식의 계발을 크게 힘쓰기를 바란다.

1. 너희가 비록 공장에서 많은 사람과 교제하게 되나 조금도 세상의 죄악에 물들지 말기를 바란다. 생명 있는 고기는 더러운 해수에 있어도 짠 물이 살 속에 간이 절여지지 않고, 진흙 뻘 구덩이에서 자란 연꽃은 아름답고 향기로움 같이 너희도 아름다운 선행과 생명의 향기를 발하게 하라. 적은 악이라도 그다지 중요하지 않은 일로 여기지 말고, 적은 선이라고 하여 가볍게 보지 말라. 적은 악이 쌓여 큰 악이 되고, 적은 선이 자라서 큰 성현이 되는 까닭이니라.

옛날 중국에 유명한 사마광司馬光[1] 선생에게 누가 "어떻게 하면 성인이 될 수 있습니까"라고 물으니 "거짓말하지 말라"고 답했다고 한다. 적은 데 충성하는 자는 큰 데도 충성하느니라. 너희는 지금 어릴 때부터 선의 습관을 잘 배양하라. 예레미야 13장 23절을 보니 "표범의 반점은 변할 수 있을지언정 어릴 때 습관된 죄악은 변할 수 없느니라"고 하였으니, 정말로 너희만 할 때부터 내가 별 것 아니라고 여긴 죄악이 이제 와서는 어떻게 지금 마음에 고민을 당하게 되는지 말할 수 없다. 너도 나 같은 고통을 당하지 않으려거든 지금부터 조금만 힘써도 된다. 네게서 나온 죄의 줄로 습관을 여러 번 얽매

---

[1] 중국 북송 때 학자이자 정치가. 신종(神宗) 초에 왕안석의 신법(新法)에 반대하여 은퇴했는데, 철종(哲宗) 때 재상이 되자 신법을 폐하고 구법(舊法)으로 통치했다. 저서에 《자치통감》, 《사마문정공집》 등이 있다.

게 되면 나중에는 떼어지지 않을 만큼 어려워지는 것이다.

세계 영웅 나폴레옹이 아직 출세하기 전 어떤 고을에 군인으로 갔을 때, 다른 동료 군인들과 같이 잔치를 벌이고 취하지 않는다고 조롱을 받았으나, 그 후 출세 입신된 뒤 그곳을 지나는 중 일부러 코웃음 하던 자를 찾아 말하기를 "만약 그때 이 몸이 향락에 취했다면 오늘의 이 몸이 되지 못하였으리라"고 하였다고 한다.

내가 너희에게 간절히 바라기는 꿈같이 잠깐이고 헛된 세상 허영과 뱀같이 간악한 육체 정욕에 속지 말기를 눈물로 기도 중에 간절히 부탁한다.

2. 지식에 대하여는 비록 학교가 아닐지언정 거기에서도 얼마든지 배울 수 있고, 지식이란 사물의 이치를 아는 것인즉 모든 일에서 배울 수 있는 것이니라. 예부터 형설지공螢雪之功[2]이란 말이 있다. 오나라 차윤이란 자는 반딧불이를 잡아서, 손강은 눈을 뭉쳐서 기름을 대신하여 글을 읽어 성공하게 되어 생긴 글귀이다.

이러한 예는 너무도 많다. 미국의 16대 대통령 아브라함 링컨은 소학교 2학년밖에 못 다녔고, 일본의 니노미야 손토

---

2 중국《진서晉書》에 나오는 말로 진나라 차윤(車胤)이 반딧불을 모아 그 불빛으로 글을 읽고, 손강(孫康)이 가난하여 겨울밤에는 눈빛에 비추어 글을 읽었다는 고사에서 유래한다.

쿠二宮尊德는 맨손으로 어려운 일을 당해 도저히 해결 방도를 찾지 못하는 중에서도 출세 입신하였고, 세계 부흥가 무디 선생은 구두공장 직공이었고, 엘리사는 밭 갈다가 선지자의 부름을 받았고, 다윗은 양 치다가 불려 와서 왕의 기름을 받지 않았는가. 그래서 너는 자포자기의 생각으로 '나 같은 자야 어찌 그렇게 할까'라는 생각은 말라. 웅덩이에 내어 버린 요셉이 애굽의 총리대신이 될 줄이야, 갈대밭 나일 강가에 버린 모세가 이스라엘 구주가 될 줄이야. "당신의 아들은 멍텅구리라서 퇴학을 시킵니다" 하던 그 아이가 세계 발명 대왕 에디슨이 아닌가.

함석 공장에 있는 동인, 동신은 장래에 어떻게 되는지 누가 알까? 그러므로 항상 근신하고 수양에만 노력하여 학식과 덕행에 많이 힘써야 한다. 분투하고 굳센 입지를 세우고 필사적으로 노력하며 끝까지 인내하라. 옛날 요셉과 함께하시던 하나님께서 너희와 함께하시니 믿고 의지하며 지덕 완성에 나아가라.

양선 아주머니는 진주에 가셨는가? 사진을 보내 줄 마음은 감사하나 아마 안 될 듯하다고 해다 오. 춥기도 하고 종이도 적고 시간도 충분치 못하니 항상 글자도 오자가 많고 말에 두서도 없고 문법도 다 틀리니 그리 알고 여러 번 읽어서 뜻만

취해다오. 건강은 특히 주의해야 한다. (중략)

  동인이는 모든 소식, 좋든 싫든 간에 사실대로 알려야 어려움에 대해 기도할 텐데……. 네 집에 불이 났다니, 어떻게 났으며 손해는 얼마나 되었는가. 다들 인사와 문안 전해 다오. 편지 회답은 언제든지 보는 길로 해야 내가 의심과 걱정을 안 하게 된다.

  이만 끝.

1942년 12월 7일

비유 모음

6장은 손양원 목사의 설교 노트 곳곳에 있는 짧은 글을 모은 것이다. 따라서 정식 설교문 형태는 아니며, 신학 공부할 당시 듣고 본 예화나 자신의 이야기들로, 정확한 연월일은 알기 어렵지만 1920~30년대로 추정된다.

사소한 죄라도 용납하면 큰 죄가 됨

내 오른손 중지 아래에 조그마한 종기가 난 것을 예사로 생각하고 두었더니, 차차 커져서 고통이 심하여 여러 날 몹시 고생하다가 치료하기 위해 큰 고난을 당했습니다. 그러므로 신자 양심에 조그마한 죄라고 예사로 생각하고 용납하다가는 그 죄가 마음속을 주장하게 되고 필경에는 큰 고통을 받고 회개하게 됩니다.

신자의 기도 성경 전도는 영혼의 생명이 됨

어떤 유명한 의사의 임종 시에 제자들이 말하기를 "선생님이 별세하면 세상에는 선생님 같은 명의가 없을 줄로 압니다" 하니, 의사가 대답하기를 "세상에 제일 되는 의사가 셋이 있다"고 했습니다. 제자들이 물으니 "첫째는 공기 즉 호흡이요, 둘째는 음식, 셋째는 운동이다. 이것이 명의 셋이라. 과연 이 세 가지만 잘 주의하면 육신은 항상 무병 건강할 것이라" 했습니다. 이와 같이 영혼도 기도 성경 전도 세 가지만 잘하면 항상 무병 건강할 것입니다.

연보에 대한 인색한 마음이 있는 한 교인의 아멘 정지

한 목사가 설교할 때 한 교인이 말끝마다 "아멘, 아멘" 함으로 타인이 듣는 데 방해가 되어 목사가 다른 신도를 불러 아멘 하는 교인에게 부탁하여 좀 조심해서 아멘 하면 좋겠다고 말하라고 했다. 그 후 아멘 소리가 도무지 없이 폐회 후에 즉시 나가거늘, 목사가 부탁한 교인에게 무슨 말을 했느냐고 물으니, 그 교인이 아멘 하는 교인에게 말하기를 "형님이 '연보' 말이 나올 때 아멘 하는 것을 보니 형님이 연보를 많이 할 마음이 있는 것 같아 대단히 감사합니다 했더니 그 후에는 아멘 소리를 도무지 안 하였습니다"라고 했습니다.

예수는 영원한 친구라

기림리基林里에서 전도할 때 한 청년 부인을 만났는데, 자기 형편을 말하기를 자기 남편이 자기를 버리고 어디로 갔는지를 몰라서 생활할 수 없어 고향을 떠나 평양부에 와서 정처 없이 떠돌아다니는데, 8개월 된 여아 하나와 모녀, 두 사람이 의지할 곳이 없노라고 슬프게 말하는 모양이 차마 눈 뜨고는 볼 수 없었습니다. 아무리 한 몸 된 부부간이라도 이렇게 남편이 아내를 버리는 수가 있으나, 신자의 신랑 된 친구 예수는 자기와 혼인한 신자를 영원히 버리지 않고 길이 사랑하십니다.

신자는 낙심한 자를 권면할 책임이 있는 것

평양의 한 가정에 어리석은 아들이 있었는데 그 부친이 하루는 장에 돼지를 팔러 갈 때 아들을 데리고 갔습니다. 그 부친이 다른 데 잠깐 볼 일이 있어 자루에 넣은 돼지를 아들에게 맡기면서 "내가 올 때까지 돼지가 나가는가 보아라" 하고 돌아와 보니 돼지가 자루를 뚫고 나갔습니다. 그 어리석은 아들을 책망하여 "왜 나가는 것을 그대로 보고 있었느냐" 하고 물으니, "아버지가 보기만 하라고 하기에 보니 다 나갑디다" 하고 대답했다고 합니다. 이처럼 교인이 낙심한 자를 보기만 하고 권면을 안 하면 주 재림 시 책망받을 것입니다(마태복음 25:14).

세상에서 제일 우월한 지위를 점령한 책

수년 전에 영국 어떤 잡지가 영국에 거하는 100명에게 다음과 같이 물어본 일이 있습니다. "가령 당신네들이 어떠한 사건으로 감옥에 들어가 외롭고 쓸쓸한 생활을 하게 될 때 마음대로 책 세 권을 택하여 읽으라 하면 어떤 책을 택하겠습니까?" 유명한 정치가 재판관 저술가 실업가 그 외에 상당한 지위를 점령한 신사 중에 대답한 사람 100명 중 98명은 성경을 택했다고 합니다.

금보다 애정이 귀한 것

형제 두 사람이 동행하다가 금을 하나 주워 형이 가졌는데 배를 타고 강을 건너다가 동생이 형에게 금을 보자고 하여 금을 받아 강에 던졌습니다. 형이 그 이유를 물으니 "금으로 말미암아 형제간 애정을 잃을까 하여, 금보다 애정이 더욱 귀한 것으로 그리했다"고 했습니다. 이처럼 금전은 좋으나 만악의 근본이 됩니다.

부모의 유전성과 자식의 습관

나의 선친의 성품은 세상의 부귀 영광을 원하지 않고, 빈곤할지라도 평생 도학道學의 생활을 했습니다. 그 원인은 백부가 이속吏屬(관아의 벼슬아치 밑에서 일을 보던 사람)으로 민간에 악한 짓을 많이 행하는 것을 보았기 때문입니다. 백부가 아무리 관리의 생활을 권하되, 선친이 끝내 듣지 않고 욕심 없이 곧고 깨끗한 학자의 생활로 평생토록 지낸 것을 습관적으로 보고 들은 나는 세상 부귀영화를 원하지 않는 심성이 습관되어 예수를 믿은 후 교역자 생활을 시작했습니다. 하늘 아버지의 자녀 된 신자를 아는 방침은 천성을 보아서 아는 것입니다.

성의의 전도는 감화력이 있음

평양의 마펫Samuel A. Moffett[1], 베어드William M. Baird[2] 두 선교사가 전도차 산을 넘어가다가 한 나무꾼이 나무하는 것을 보고 두 사람이 전도할 마음이 생겨 서로 의논하여 베어드는 그 사람의 나무를 대신해 주고, 마펫은 붙들고 앉아서 전도를 하고 갔는데 그 나무꾼이 돌아가서 예수를 믿어 성경을 전심으로 공부하여 신학 공부까지 하고 목사가 되었는데, 즉 정기정 목사로 성경에 능한 유명한 목사가 되었습니다.

여호와를 앙모하라(이사야 40:27-31)

여호와를 앙모하는 자는 네 가지 복을 받습니다.

(1) 새 힘을 얻음: 신령한 힘을 얻습니다.

(2) 위로 올라가는 복을 얻음(독수리처럼 날개를 치며 올라감): 세상을 능히 이깁니다.

(3) 용감히 나아가 물러서지 않는 힘을 얻음(달음박질할지라도 피곤치 않음): 천만 장애가 있을지라도 진보할 것입니다.

(4) 크고 작은 일을 물론 잘할 것: 걸어가도 피곤치 않습니다.

---

[1] 미국 북장로회 소속 선교사로 1890년 1월 내한했다. 평양을 비롯해 평안남북도, 황해도를 중심으로 활동하며 많은 사람에게 복음을 전파하고 곳곳에 교회를 세웠다.

[2] 미국 북장로회 소속 선교사로 1891년 2월 내한했다. 대구 지역 최초의 선교사가 되었으며, 평양에서는 장로교 최초로 숭실학당을 설립했다.

하나님은 만방의 창조자

미국 제1대 대통령 워싱턴의 부친은 그 아들 워싱턴에게 하나님을 알려 주기 위해 뒷마당에 밭을 갈고 '조지 워싱턴'이라 쓰고 종자를 뿌렸습니다. 그 후에 씨가 나서 '조지 워싱턴'이라 쓰였거늘 워싱턴이 보고 이상히 여겨 부친에게 물었습니다. 부친이 그 풀이 그렇게 훌륭하게 난 이유를 설명하고 "이 세상은 하나님께서 창조하신 것이니 하나님을 믿으라" 권함으로 워싱턴이 감복되어 어릴 때부터 하나님의 사람이 되어 신앙생활을 했다고 합니다.

습관은 제2의 천성이라

(1) 악습에 물들면 악인이 됩니다.

비유컨대 연필로 종이에 글을 잘못 썼다가 1-2차까지는 새로 닦아 쓸 수 있으되, 여러 번 닦으면 구멍이 뚫어져서 못 쓰는 것같이 사람의 심리에 악습이 너무 오래 되풀이되면 결국 악인으로 사망케 됩니다.

10여 년 전 인도에 늑대와도 닮고 인간과도 닮은 늑대도 인간도 아닌 괴물이 있었는데 잡아다가 검사해 보니 본래 인간이었던 것이 분명했습니다. 마침 10여 년 전에 아이 잃은 사람이 있으므로 그 사람을 데려다가 음식을 주고 말을 시키며 공부를 시켜 보니 얼마 안 되어서 죽었습니다. 우리 인생도 본래 인생다운 인생이지만 죄악에 오래 물들어 인생의 본분을 잃어 언어 음식 행동이 짐승같이 된 것입니다.

(2) 선한 습관을 익히면 선한 사람이 됩니다.

프랑스의 유명한 학자 뷔퐁Georges Louis Leclerc de Buffon이 어릴 때 늦잠 자는 습관이 있어 학교에 항상 지각했습니다. 이를 민망히 생각해 자기 집 일꾼에게 부탁하기를 "일찍 깨워 달라" 하여 일꾼이 일찍 깨웠더니 오히려 책망하여 그만두었더니, 또 부탁하기를 "아무쪼록 깨워 달라" 했습니다. 그 이튿날 아침은 깨워도 잘 안 일어나서 일꾼이 찬물을 한 통 갖다 얼굴에 퍼부었더니 성을 내어 크게 책망했는데, 그 이튿날은 또 깨울 때 물을 퍼부을까 하여 속히 일어났습니다. 그 후에는 꼭 시간을 따라 일어나 공부함으로 유명한 학자가 되었다고 합니다.

혀만 구원을 얻었구나

어떤 소설 중에 어떤 사람이 꿈속에서 천당을 갔는데 어느 곳을 보니 사람의 혀가 많았습니다. 천사에게 그 이유를 물으니 천사의 대답이 "그 혀만 여기 온 것은 그 사람이 혀로만 의를 잘 말하고 행실이 없어 몸은 지옥에 가고 혀만 구원을 얻었다"고 했습니다. 또 귀만 구원을 얻었다는 설도 있습니다.

기도에 대하여
(1) 자기만 위해 기도하지 마십시오.
(2) 타인을 책망하는 기도를 하지 마십시오.
(3) 우는 기도를 하지 마십시오. 자기 죄나 타인의 죄를 위하여 울면서 기도할 수 있으나 습관적으로 우는 기도는 무익한 것입니다.
(4) 주기도문대로 자기의 모든 소원을 다 구한 후 주의 뜻대로 이루어 달라고 기도하십시오.

자유에 대하여
교회 안에서 여자가 남자에게 불순종하고, 자식이 부모에게 불효가 심한 것은 비유컨대 가두어 두었던 새를 갑자기 해방하면 아무 곳이나 닿는 데로 날다가 제 몸이 상해 죽는 것과 같습니다.

주를 보고 싶어 기도하는 부인
주를 믿는 어떤 부인이 주를 만나 보고 싶어 항상 기도하던 중, 한밤중 주께서 꿈에 나타나 "내일 낮에 내가 네 집에 갈

터이니 기다리라" 하여 그 다음날 좋은 음식을 준비하고 기다리나 주께서는 안 오시고 의복이 남루한 한 걸인이 음식을 청하거늘 대접하지 아니하고 보냈습니다. 그랬더니 그날 밤 꿈에 주께서 보이거늘 "왜 낮에 내 집에 안 오셨느냐"고 하니 답하기를 "내가 어제 네 집에 갔으되 대접하지 않아 돌아왔노라" 하셨습니다. 또 묻기를 "언제 오셨느냐?"고 하자 "어제 집에 간 걸인이 곧 나다" 하셨습니다(마태복음 25:31-46).

타인을 구제하는 것이 곧 자기를 구제하는 것

인도에서 어느 해에 흉년이 들어 미국 선교사가 본국에 돌아와 구제금을 모았습니다. 한 교회당에서 인도인 구제 사업에 대해 강연을 했는데 10여 세 되는 여자아이 한 명이 "목사님, 나는 연보 할 마음은 있으나 돈이 없으니 어찌할까요?"라고 물었습니다. 이에 목사의 대답이 "네 마음대로 기도하면 하나님이 주신다" 함으로 금화 100원을 달라고 기도했습니다. 하지만 그 후 그 소녀가 헌금을 낼 방법이 없어 걱정하다가 '찔레꽃을 따다가 팔아서 주리라' 생각했습니다. 하루는 찔레나무에 가서 꽃을 딸 때 한 청년이 묻기를 "무엇 하려고 찔레를 따느냐?" 함으로 사실을 말했습니다. 그 소녀가 그 이튿날 또 그 찔레꽃을 따러 가다가 보니 길에 봉투로 싼 것이 있어 열어 보니 금화 1,000원이 들어 있었습니다. 하나님께서 주신 것인 줄 알고 곧 감사를 돌리고 가지고 가서 100원은 헌금하고 남은 돈은 자기 학비로 삼아 공부하여 좋은 사람이 되었고, 후에 좋은 사업에 냈습니다. 그 주운 돈 1,000원은 꽃 따러 첫날 갔을 때 만난 청년이 그 여자아이를 위해 둔 것인데, 곧 부자 청년이었습니다. 구하는 자에게는 주십니다.

러시아 톨스토이의 동정심

톨스토이가 길을 가는데 한 문둥병자가 동냥을 요구했습니다. 마침 돈이 없어 그 환자의 손을 잡고 "내게 돈이 없어 못 주나 마음으로는 형님을 동정한다"고 말하고 악수를 했더니 그 병자가 크게 감동을 받아 돌아갔습니다. 가난한 자를 동정하는 것은 물질에만 있는 것은 아닙니다.

예수는 우리의 모든 수고를 담당하신 친구

어느 날 한 할머니가 무거운 짐을 지고 가는데 마침 마차를 끄는 사람이 동정심이 일어 그 할머니에게 마차를 같이 타고 가자고 했습니다. 그 할머니가 마차에 올라앉았으나 짐은 진 채로 앉았거늘 마차를 끄는 사람이 이것을 보고 "짐을 벗어 놓으라"고 하니, 할머니의 대답이 "차를 타게 하신 것도 감사한데 짐까지 실을 수가 있겠습니까?" 하였습니다. 예수는 우리의 천당 가는 길만 되실 뿐 아니라 우리의 평생 근심 걱정 짐까지 담당하신 주이십니다.

하나님의 선물이라(에베소서 2:8)

어떤 여인이 병들어 입술이 마르고 갈증이 나서 거의 죽게 되었습니다. 그 곁에 어린 딸 하나가 있으니 나이 14세였습니다. 이 아이가 문득 생각하기를 '내가 전에 대궐 동산에서 좋은 포도를 보았으니 내가 가서 그 포도 한 송이의 값이 얼마나 되는지 물어보리라' 하고 달려가서 한 파수막把守幕(경계하여 지키는 일을 하기 위해 만든 막) 근처에 다다르니 파수꾼이 "무슨 일인가?" 하고 묻거늘, 그 아이가 대답하기를 "내가 왕께 뵈올 일이 있습니다" 하니 병정이 대답하기를 "못 한다" 하거늘, 그 아이가 사정을 말하기를 "그럼 어머니가 죽겠는데요" 하니 병정이 대답하기를 "내 직분은 아무도 이 문을 지나가게 할 수 없다" 하니 이 아이는 낙심이 되어 눈물을 흘리고 있었습니다.

마침 왕의 태자가 말을 타고 지나다가 그 아이가 우는 광경을 보고 까닭을 물으니 대답하기를 "왕을 뵈려 하나이다" 하니 "무슨 소원이 있느뇨?"라고 하니 대답에 "어머니가 죽게 되었는데 그 목마른 것을 인하여 대궐 안에 포도 한 송이 값이 얼마나 되는지 알고자 하나이다" 하며 울었습니다. 이에 태자가 그 소녀를 데리고 포도 동산으로 가서 친히 좋은 열매를 많이 따서 그 아이에게 주며 이르되 "아버지께서 팔지 아니하시고 그저 주신다" 하니 그 소녀가 놀라 기뻐하며 가지고 돌아와서 그 어머니의 갈증을 면케 하여 생명을 회생시켰습니다.

하나님께서 우리에게 주신 선물이 여러 가지인데, 공기 태양 물 모든 식물 동물 오곡백과 그 중에도 제일 귀한 선물은 예수로 말미암아 받은 영생입니다.

굶는 것은 하나님의 걱정

그리스도 신자로 살림이 가난하여 밥을 굶었는데, 타인이 와서 보고 "이렇게 굶어서 큰 걱정입니다" 하자 그가 대답하기를 "우리가 굶는 것은 하나님 아버지의 걱정입니다"라고 했습니다. 참으로 하나님을 의지하는 신자의 신앙심입니다.

양심이 자신의 죄를 발견시킴

영국 런던 사람이 어떤 상점에서 수만 원을 도적질해가지고 미국으로 이주해 살다가 20년 만에 본향 런던으로 돌아왔습니다. 상점에서 물건을 사다가 경찰이 멀리서 달려오면서 "이 놈, 거기 서라"는 소리에 놀라 떨고 섰습니다. 경찰은 사실 조그마한 아이가 상점 물건을 도적질해 가는 것을 보고 소리를 질렀는데 놀라서 떨고 선 이 사람을 보고 눈치를 채고 잡아가서 경찰서에서 심문한즉 20년 전 절도한 도적인 것을 발견한 것입니다. 양심이 자기 죄를 발견시켰습니다.

지금은 곧 은혜받을 때라

미국의 무디 선생이 불신자에게 전도할 때 한 청년이 말하기를 "내가 오는 주일에 가서 회개하고 믿겠다" 함으로 허락을 했는데, 그 청년이 이튿날 그만 죽어 자기가 크게 후회한 것은 그 사람으로 하여금 그때 곧 회개하고 믿기로 작정시키지 못한 것이라고 했습니다.

전도지 중 하나님, 영원, 이 두 단어를 보고 회개하여 주를 믿은 죄인

미국 오하이오에 교회를 심하게 핍박하는 불신자 한 사람이 있었는데 마침 배를 타고 어디를 갈 때 전도인이 전도지를 주니 받아서 찢어 버렸습니다. 그런데 무릎에 전도지 한 조각이 떨어진 것을 떼어 버리면서 보니 '하나님'이란 말이 있고 뒤편에는 '영원'이란 말이 있었습니다. 그 하나님과 영원이란 말을 보고 생각하니 '하나님은 영원히 계신다'는 말인데 내가 회개하고 주를 믿지 않으면 영원하신 하나님 앞에 큰 형벌을 받으리라 생각하고 그때부터 자기의 모든 죄악을 회개하고 신자가 되어 주님의 큰 사업가가 되었습니다.

집사에 대한 권면(디모데전서 3:8-10)
(1) 단정할 것.
(2) 한 입으로 두말하지 말 것.
(3) 술을 많이 먹지 말 것.
(4) 부정한 이득을 취하지 말 것.
(5) 맑은 양심대로 믿음의 오묘한 것을 가져야 할 것.
이상의 사람들을 살펴보고 그 후에야 집사가 되어야 할 것입니다.

성신 권능이 없으면 인생은
(1) 미국 어떤 부흥회 때 목사가 강연 후 "주님을 믿는 자, 회개자는 손을 드시오" 하니 많은 교인이 손을 드는데, 한 불신자가 목사에게 말하도록 허락을 청하거늘 허락하니 강단에 올라가 권총을 겨누면서 "누구든지 예수 믿겠다고 하는 사람

손들면 총으로 쏘겠으니 드시오" 하니 한 사람도 거수한 사람이 없었다고 합니다. 성신 권능이 없다는 증거입니다.

(2) 조선 어떤 교회 부흥회 때 순사가 와서 교인들에게 "신자는 다 거수하시오" 하니 겨우 몇 사람이 손들고 나머지는 잡아갈까 두려워 손을 안 드니 순사가 손든 사람은 진실한 교인이라고 칭찬하고 손 안 든 교인은 뺨을 치며 "너는 신자로서 왜 불신자인 체하느냐?" 했습니다. 역시 성신 권능이 없다는 증거입니다.

지금 내 마음에서 부흥회 하오

미국 어느 교회에서 부흥회를 하는데 한 교인이 경찰에게 부흥회 하는 교회를 물으니 경찰의 대답에 "지금 내 마음에서 부흥회를 한다"고 했습니다. 그러므로 부흥회는 먼저 개개인이 부흥을 해야 부흥회가 은혜받는 것입니다.

내가 주를 위해 무엇을 하리이까?

미국의 무디 선생이 부흥회를 인도할 때 한 청년이 회개하고 주님을 믿기로 결심한 후 "내가 주를 위하여 무엇을 하면 됩니까?" 하고 물었습니다. 무디 선생이 사방등四方燈에 강연회 광고를 써 주면서 "이 등을 지고 거리에 두루 다니며 광고를 하라"고 했습니다. 그 청년이 기쁜 마음으로 거리를 주행할 때 모든 사람이 다 비웃는데 유람객 청년 한 사람이 그 광고를 보고 그날 저녁 강연에 참여하여 예수 믿기로 결심하고 자기도 주를 위해 무엇을 할 것인지 가르쳐 달라고 했습니다. 무디 선생이 "당신은 무엇을 할 줄 압니까?" 하고 물으니 "음악을 할 줄 안다" 하여 부흥회 하는 동안 음악으로 청중에게 많은 유익을 주었다고 합니다.

변화하라(로마서 12:2)

위치를 따라 변화하십시오. 모세는 시내산에서, 아브라함은 가나안에서, 바울은 다메섹에서 변화되었습니다. 때를 따라 변화하십시오. 식물과 같이 초목도 따뜻한 봄에 변합니다. 인생도 시대를 따라 변할 터인데, 변하지 않는 인생은 죽은 인생입니다.

변한 자의 유익은, 자기가 존귀케 됩니다(자기 복). 사회에 유익합니다(모든 인류에게 행복 됨). 주인을 영화롭게 합니다(상제 上帝를 영화롭게 할 것). 그러므로 초목같이 변하여 좋은 과실을 많이 맺어 봅시다.

사랑이라(에베소서 3:18)

세상 종교마다 정신 되는 교의가 있습니다. 유교의 정신은 수신제가치국평천하修身齊家治國平天下요, 불교의 정신은 참선해서 극락세계에 가는 것이요, 예수교의 정신은 사랑입니다. 하나님을 사랑하고 다른 사람을 자기 몸같이 사랑해야 영생을 얻을 수 있습니다.

사랑도 두 종류가 있습니다. 첫째, 육적인 사랑은 천연적 사랑으로 부모 처자간의 사랑입니다. 육적 사랑은 편벽된 사랑입니다. 야곱이 요셉만 사랑하다가 후에 섭섭하게 되었습니다. 둘째, 영적인 사랑은 예수께서 죄를 사하고 영혼을 구원하는 사랑입니다. 이는 공적인 사랑으로 타인을 위하는 사랑입니다. 이상의 사랑 가운데 영적인 사랑은 기독교의 정신이 되고 기독교의 생명이 되므로 사랑을 취해야 할 것입니다.

손양원 목사 연표

1902년 6월 3일	경남 함안군 칠원면 구성리에서 부친 손종일 장로와 모친 김은주 집사의 장남으로 출생.
1908년	부친의 입신(入信) 때 7세 소아로 입신.
1914-19년	칠원공립보통학교 입학 및 졸업.
1918년	프레드릭 맥레(Frederick John Learmonth Macrae) 선교사에게 세례받음.
1919년	서울 중동학교 입학.
1920년	부친 손종일 장로의 독립 만세 운동으로 구속, 서울 중동학교 자퇴.
1921-23년	일본 도쿄 스가모(巢鴨) 중학교 졸업.
1924년	정양순 여사와 결혼.
1925년 11월 6일	아들 동인 출생.
1926-28년	경남 성경학교 입학 및 졸업.
1926-32년	부산 감만동교회 외지 전도사.
1926-32년	외지 전도사로 있으면서 밀양 수산, 울산 방어진, 울산 남창, 부산 감만동, 부산 남부민, 양산 원동교회 개척.
1932-34년	부산 남부민교회 시무.
1930년 9월 18일	아들 동신 출생.
1935-38년	평양신학교 입학 및 졸업.
1938-39년	부산, 양산군, 김해군, 함안군 등지의 교회를 순회 전도하면서 신사참배 반대 운동 전개.
1939년	여수 애양원교회 부임(한국인으로는 2대 목사).
1940년 9월	신사참배 거부로 여수 경찰서에 검속.
1940년 11월	광주 형무소에 투옥.
1943년 10월	청주 보호 교도소에 감금.
1945년	8·15해방으로 석방.
1946년	경남노회에서 목사 안수 받음.
1948년 10월 21일	여순 사건으로 동인, 동신 형제 순교. 두 아들을 죽인 원수를 살려 양아들로 삼음.
1950년	한국 동란으로 공산군에게 검속.
1950년 9월 28일	여수시 둔덕동 617-10(당시 과수원 골짜기)에서 순교.
1993년 4월 27일	손양원 목사 순교 기념관 애양원에 개관.
1995년 8월 15일	국가독립유공자로 선정되어 건국훈장 애족장 수훈.
2015년 9월 30일	손양원 기념관 경상남도 함안군 칠원읍에 건립.

손양원 목사 연구를 위한 참고문헌

1차 문헌 자료

안용준 편. 1962. 산돌 손양원 목사 설교집. 경천애인사.
_____. 1963. 산돌 손양원 목사 설교집 상. 신망애사.
_____. 1969. 손양원 목사 설교집. 신망애사.
이광일 편. 1991. 손양원 목사 설교집 1—성경대로 살자. 손양원목사순교기념사업회.
_____. 1993. 손양원 목사 옥중서신. 손양원목사순교기념사업회.
_____. 1994. 손양원 목사 설교집 2—오늘이 내 날이다. 손양원목사순교기념사업회.
_____. 1995. 손양원 목사 설교집 3—주 안에서 죽는 자들이 복이 있다. 손양원목사순교기념사업회.
_____. 1997. 손양원 목사 체형 조서. 손양원목사순교기념사업회.
손동희 편. 2000. 손양원 목사 옥중 목회. 보이스사.
피종진 편. 2006. 한국교회 초기 설교 선집;손양원 목사—성경대로 살자. 도서출판 기쁜날.
키아츠 편. 2009. 손양원. 홍성사.
_____. 2009. Son Yang-Won. 키아츠.
_____. 2010. 孫良源(簡體本). 키아츠.
_____. 2010. 孫良源(繁體本). 키아츠.
산돌손양원기념사업회. 2015. 산돌 손양원 목사 자료선집. 한국기독교역사연구소.
손양원정신문화계승사업회. 2015. 손양원의 옥중서신. 넥서스CROSS.
애양원교회 편. 2017. 손양원 목사의 옥중서신. 대한기독교서회.

손양원 목사 연구를 위한 참고문헌

2차 문헌 자료

단행본

안용준. 1949. 사랑의 원자탄. 성광문화사.
손동희. 1994. 나의 아버지 손양원 목사. 아가페출판사.
이광일. 1995. 손양원 목사의 생애와 사상. 글로리아.
박용규. 1977. 신앙이 위대한 순교자들. 한조문화사.
이홍술. 2002. 순교자 손양원 목사의 생애와 신앙. 도서출판 누가.
차종순. 2008. 애양원과 사랑의 성자 손양원. 키아츠.
차종순. 2008. Aeyangwon and Martyr of Love Son Yang-won. 키아츠.
안용준. 2009. The Atomic Bomb of Love. 키아츠.
안용준. 2010. 愛的原子彈. 키아츠.
박현정. 2011. 하얀불꽃. 키아츠.
산돌손양원기념사업회. 2014. 산돌 손양원의 목회와 신학. 한국기독교역사연구소.
주경희. 2014. 죽음보다 강한 사랑 손양원. 비전북.
손동연. 2019. 결국엔 사랑: 손양원 목사의 남겨진 가족 이야기. 헤럴드BOOKS.

연구 논문과 학위 논문

김인서. 1951. 殉敎者 孫良源 牧師를 弔함. 신앙생활 제7/8호.
정성구. 1984. 손양원 목사의 설교론. 신학지남 제203호.
이홍술. 1993. 순교자 손양원 목사의 윤리사상에 대한 연구. 장로회신학대학교 대학원 석사학위논문.
이진원. 1997. 신앙의 발자취를 따라서-손양원 목사 순교기념관을 찾아서. 교육교회 제250호.
박구서. 1998. 손양원 목사의 가정교육에 대한 기독교 교육 신학적 해석. 계명대학교 대학원 박사학위논문.
박철희. 1998. 손양원 목사의 설교 연구. 장로회신학대학교 대학원 석사학위논문.
김승태. 2011. 손양원의 초기 목회활동과 신사참배 거부항쟁. 한국기독교와 역사 제34호.
최병택. 2011. 손양원과 구라(救癩) 선교:애양원교회에서의 활동을 중심으로. 한국기독교와 역사 제34호.
이상규. 2011. 해방 이후 손양원의 생애와 활동. 한국기독교와 역사 제35호.
_____. 2012. 손양원, 사랑과 화해와 용서를 가르친 한국교회의 지도자. 한국사 시민강좌 제50집.
전리사. 2012. 손양원 목사의 삶에 반영된 참 제자도의 모습. 경남대학교 대학원 석사학위논문.
양낙홍. 2013. 손양원 목사의 설교 분석. 한국기독교와 역사 제38호.
이치만. 2013. 손양원 목사의 신학사상:역사적 맥락을 중심으로. 한국기독교와 역사 제38호.
김도일. 2014. 손양원의 삶으로 본 사회적 신앙에 대한 기독교교육적 고찰. 장신논단 Vol.46 No.4.
이덕주. 2014. 백색 순교에서 적색 순교로:손양원 목사의 순교와 신학적 의미. 한국기독교와 역사 제40호.
곽인섭. 2015. 개혁주의생명신학과 손양원 목사의 십자가신앙-손양원 목사의 내면세계와 영적생활 연구. 생명과 말씀 12권.
이명규. 2015. 손양원 설교 연구. 백석대학교 기독교전문대학원 박사학위논문.
신종철. 2016. ACTS 신학공관(共觀)에서 본 손양원 목사의 신앙과 신학 연구. ACTS 신학저널 28권.
이영식. 2017. 손양원과 민족애. 기독교 통일학회 8권1호.
오환택. 2018. 애양원교회를 통해서 본 여수지역 초기선교:손양원목사와 서현식목사를 중심으로. 한남대학교 학제신학대학원 석사학위논문.
윤성민. 2023. 갈라디아서 2장 20절의 의미와 손양원 목사. 신학과 실천 제86호.

손양원 목사 기념관 안내

손양원 목사 순교기념관

전남 여수시 율촌면 산돌길 70-62
061-682-9534 / http://www.aeyangwon.org

손양원 목사의 순교신앙을 전승하고 애양원의 자료를 체계적으로 보관하고자, 애양원교회 교인들에 의해 1993년에 준공되었다. 2012년 여수 세계박람회를 계기로 리모델링 사업을 추진하여 주변에 삼부자 묘와 손양원 목사 순교기념비를 세우고 손양원기념공원을 조성했다. 시옷(ㅅ)자 형태의 기념관은 손양원 목사의 성씨 및 삼위일체, 그리고 손양원 목사와 순교한 그의 두 아들을 상징한다. 2층으로 구성된 기념관에는 성화와 사진, 옥중편지, 기타 유품 등을 전시하고 있다.

손양원 기념관

경남 함안군 칠원읍 덕산4길 39
055-587-7770 / http://sonyangwon.org

손양원 목사의 모교회인 칠원교회가 2008년 생가터를 매입하고, 산돌손양원기념사업회와 국가보훈처, 경상남도, 함안군이 애국지사 손양원선양사업에 적극적으로 협력하여 2015년 10월 20일에 손양원 생가와 기념관을 개관했다. 생가에는 손양원 목사가 툇마루에 앉아 책 읽는 모습의 동상이 재현되어 있다. 기념관은 지하 1층, 지상 2층 규모로 손양원 목사의 하나님 사랑, 이웃 사랑, 나라 사랑의 정신을 살펴볼 수 있다.

애양원 순례 안내 도서

《순례묵상(전라남도 편)》

매년 수만 명의 기독교인이 찾는 대표적인 기독교 성지인 애양원은 손양원 목사님의 헌신과 사랑, 용서와 순교의 정신을 배울 수 있는 곳이다. 《순례묵상(전라남도 편)》은 애양원교회, 손양원 기념관, 토플 하우스 등 애양원의 주요 유적지를 고민 없이 따라갈 수 있도록 세부 코스를 제공한다. 또한 묵상글과 함께 전문가의 인터뷰 영상과 적용 질문을 수록했다. 《순례묵상(전라남도 편)》은 여수 애양원 외에 순천 매곡동, 광주 양림동, 영광 염산면, 신안 증도, 고흥 소록도의 순례길을 안내한다.